Martha Wilhelm

.Berliner innen

20 Frauen, die die Stadt bewegten

ELSENGOLD

Inhalt

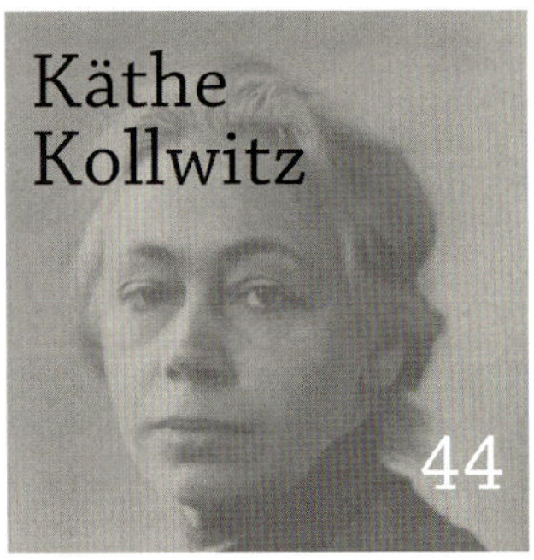

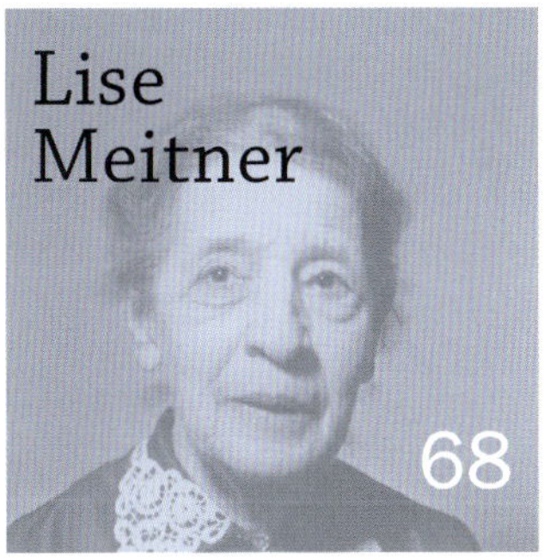

Rahel Varnhagen von Ense

Abends füllt sich das rote Eckzimmer in der Jägerstraße 54 – Adlige und Bürger, Schauspieler und Politiker, Philosophen und Schriftsteller diskutieren bei Tee und Gebäck über Literatur, Theater und das Leben. Doch ganz gleich, wie hitzig die Debatten werden: Wenn eine kleine, zierliche, unscheinbare Frau ihre Stimme erhebt, hören ihr die namhaften Persönlichkeiten der Residenzstadt zu. Niemand kann der Anziehungskraft der Rahel Levin, spätere Varnhagen, widerstehen. Mit Scharfsinn, Empathie und Lebendigkeit gewinnt sie die Herzen ihrer Gäste, ihre Worte bewegen und polarisieren. Das Gespräch ist Rahels Leben. In geselligen Abenden und Briefen entflieht sie der Einsamkeit und sozialen Ächtung als Frau und Jüdin. Ihre Worte faszinieren noch heute und offenbaren Stolz, Sehnsucht und Leidenschaft einer Frau, die zeit ihres Lebens innig mit Berlin verbunden war.

Rahel kommt am 19. Mai 1771 in Berlin als erstes Kind des wohlhabenden jüdischen Bankiers Markus Levin zur Welt, drei Brüder und eine Schwester folgen. Als Älteste kümmert sie sich von klein auf um ihre Geschwister, wenn die Mutter den Vater auf Reisen begleitet. Mit ihrer spitzen Zunge ist Rahel der Liebling ihres Vaters, auch ohne schulische Bildung spricht sie neben Jiddisch auch fließend Deutsch und Französisch – zwar schreibt sie zeitlebens fehlerhaft, aber das tut ihrer Begeisterung für das Wort keinen Abbruch. Sie verschlingt die Literatur ihrer Zeit, vor allem Goethe, den sie bis an ihr Lebensende verehren wird.

Sie wächst privilegiert auf, leidet jedoch mit zunehmendem Alter unter ihrer Unansehnlichkeit (»Außer dem, daß ich nicht hübsch bin, habe ich keine innere Grazie …«) und ihrer »infamen Geburt« – zwar gehören die Levins zur jüdischen Elite, doch haben auch reiche Juden keinen Zutritt zur gehobenen Gesellschaft. Rahel ist die Welt verschlossen, der sie sich nach ihren regen geistigen Interessen doch zugehörig fühlt. Ihre ebenfalls jüdische Freundin Henriette macht ihr den Ausweg aus dieser Isolation vor: Das hochgebildete und bildhübsche Mädchen wird mit 14 Jahren mit dem Arzt Marcus Herz verheiratet. Während der Ehemann in ihrem Haus Vorlesungen und philosophische Gespräche abhält, versammelt Henriette rasch einen Kreis junger Literaturinteressierter um sich, mit denen sie ungezwungen und geistreich diskutiert. Der Salon der Henriette Herz erlangt schnell Bekanntheit, vor allem die schöne Hausherrin zieht junge Männer in Scharen an.

Rahels Stunde schlägt erst nach dem Tod ihres Vaters im Jahr 1790. Die Familie zieht in die Jä-

• Rahel Varnhagen von Ense, um 1817

• Karl August Varnhagen auf einem Holzschnitt von 1854

gerstraße 54 um und Rahel wird zum neuen Mittelpunkt der häuslichen Abendgesellschaften, bei denen sie mit ihrem scharfen Verstand und ihrer Menschenkenntnis brilliert. Im Herzen der vornehmen Friedrichstadt, nur ein paar Schritte vom Gendarmenmarkt entfernt, entsteht ihr erster Salon. Führende Köpfe der Frühromantik kommen zu Besuch, adlige Gäste wie Prinz Louis Ferdinand von Preußen gehen ebenso bei ihr ein und aus wie Schauspieler und jüdische Künstler, gegensätzliche Meinungen und Persönlichkeiten prallen aufeinander. Rahel ist mittendrin, vermittelt, stellt vor, diskutiert leidenschaftlich und scharfsinnig, nimmt sich für jeden Gast Zeit. Interessante Menschen kennenzulernen und mit anderen zusammenzubringen, ist ihre größte Lust: »Nichts freut mein Herz so sehr, als wenn sich meine Freunde anerkennen; und ich kann triumphirend sitzen und denken, du bist die Erste, du hast den entdeckt; und nun müssen sie ihn lieben!« 1795 wird ihr ein anderer, lang ersehnter Triumph beschert: In Karlsbad trifft sie endlich Goethe, der sich sehr angetan von ihr zeigt und seine Verehrerin hinterher »schöne Seele« nennt – eine große Auszeichnung aus dem Mund des Dichterfürsten.

Ein Jahr später entbrennt Rahel zum ersten Mal in Liebe. 1796 lernt sie den Grafen Karl von Finckenstein in der Oper kennen, der bald in ihrem Haus ein- und ausgeht. Sie schlendern zusammen Unter den Linden entlang und schreiben sich während Zeiten erzwungener Trennung lange Briefe, die Finckenstein mit »Ewig, ewig der Deinige« beschließt. Rahel hofft auf Heirat, obwohl die Eheschließung eines Adligen mit einer Bürgerlichen, noch dazu einer Jüdin, als Verletzung der Standesehre gilt. Doch sie will endlich dem Stigma des Judentums entkommen. Obwohl Finckenstein sie hinhält, gibt sie ihn nicht auf. Vier Jahre lang hält die Verbindung, bevor sich Rahel 1800 endlich zum Bruch durchringt. Vor der Enttäuschung und »Schmach« flieht sie mit einer Freundin für ein Jahr nach Paris.

Nach ihrer Rückkehr erlebt ihr Salon seine Blütezeit. Es wird angeregt über Literatur, Theater und Liebe geredet, Politik kommt kaum zur Sprache. Geselligkeit gilt als Kunst, die Gäste kommen, um sich zu inszenieren und gesehen zu werden. Rahel weiß sehr gut um ihr Talent in dieser Kunst: »Ich liebe unendlich Gesellschaft und bin ganz überzeugt, daß ich dazu gebohren, von der Natur bestimmt und ausgerüstet bin.«

Außerhalb der gemeinsamen Abende empfängt sie Freunde zu intimen Gesprächen in ihrer Dachstube. Es wird hauptsächlich über Liebschaften gesprochen, Rahel hört zu und tröstet, gibt Rat. Sie ist eine enge Vertraute des skandalträchtigen Liebespaares Pauline Wiesel und Prinz Louis Ferdinand. Vor allem junge Männer zieht sie in ihren Bann, die sie verehren und ihr innige Briefe schreiben, geprägt vom Freundschaftskult der Zeit. Mit ihrem Jugendfreund David Veit tauscht sie sich über den von beiden glühend verehrten Goethe aus, Friedrich Gentz schreibt ihr Zeilen voller Sinnlichkeit – ein Liebesspiel auf dem Papier, das nie die Phantasie verlässt.

Rahels Briefe sind ein Spiegel ihrer wechselvollen Gefühle, mal ist sie stolz und übermütig, mal bedrückt und verzweifelt. Sie schreibt über die körperlichen Leiden, die sie plagen – seit ihrer Jugend hat sie mit schwerem Rheumatismus zu kämpfen, muss oft zur Kur fahren –, und hadert immer wieder mit sich selbst. Nicht nur als Jüdin, auch als Frau fühlt sie sich ausgegrenzt. »(...) kann ein Frauenzimmer dafür, wenn es *auch* ein Mensch ist? (...) Ein *ohnmächtiges* Wesen, dem es für nichts gerechnet wird, nun so zu Hause zu sitzen, und das Himmel und Erde, Menschen und Vieh wider sich hätte, wenn es weg wollte (und das Gedanken hat wie ein anderer Mensch).« Ihren Bewunderern ist Rahel meist an Intellekt und Urteilskraft überlegen, Gentz schreibt ihr: »Sie sind ein großer Mann, ich bin das erste aller Weiber.« Doch was im Salon und im persönlichen Gespräch fasziniert und Verehrung hervorruft, befremdet Familie und Liebeswerber.

So geht auch ihre zweite große Liebe in die Brüche. Zwei Jahre kämpft sie um den spanischen Gesandten Don Raphael d'Urquijo. Sie verloben sich und Rahel trägt ihm ihre ganze Leidenschaft an – verschreckt ihn aber gerade durch ihr Ungestüm, das so gar nicht dem demütigen Frauenbild der Zeit entspricht. 1804 löst sie die Verlobung auf, trauert dem Geliebten aber noch jahrelang nach. Rahel will einen ebenbürtigen Mann, jemanden, der ihre Gefühle und ihren Intellekt nicht fürchtet. Doch die politische Realität entzieht bald nicht nur ihren Liebessehnsüchten, sondern ihrem ganzen Leben die Grundlage.

1806 besiegt Napoleon die preußischen Heere bei Jena und Auerstedt und zieht in Berlin ein. Rahel interessiert sich weiterhin nicht für Politik und hegt gegenüber den französischen Besatzern keinen Groll. Doch die Besucher ihres Salons werden immer seltener und bleiben schließlich ganz aus. Keiner hat mehr die Muße zu schöngeistigem Geplauder, patriotische Gesellschaften lösen die heiter-frivolen Berliner Salons ab. Rahel bleibt allein zurück und weiß nichts mit sich anzufangen. Einmal klagt sie: »Bei meinem ›Theetisch‹ (...) sitze nur ich mit Wörterbüchern; (...) Nie war ich so allein. Absolut. Nie so durchaus und bestimmt ennuyirt.«

Dazu kommen Streitigkeiten mit ihrer Familie – der Krieg bringt die Familienbank in Schwierigkeiten, doch Rahel sieht nicht ein, warum sie sich einschränken soll. 1808 nimmt sie sich eine eigene Wohnung in der Charlottenstraße 22, dann in der Behrenstraße, doch der Streit ums Geld vor allem mit dem ältesten Bruder hält noch nach dem Tod der Mutter jahrelang an. Rahel, die ab 1810 den neuen christlichen Familiennamen Robert führt, fühlt sich nach Kürzung ihrer Apanage »bettel-bettel-arm«, weil sie ohne Bedienten und Wagen auskommen muss, und zieht sich aus der Gesellschaft zurück, in der sie sich nicht mehr angemessen präsentieren kann. Sie ist 40 Jahre alt, unverheiratet, allein. Einsamkeit, Niedergeschlagenheit und finanzielle Sorgen, die ihr bislang fremd waren, verdichten sich zu Krankheit und Depression: »hölzern und zu bin ich geworden, stumm«.

Zu dieser Zeit ist Karl August Varnhagen bereits in ihr Leben getreten. Nach vorherigen zufälligen Begegnungen kamen sie sich 1808 näher und standen seitdem in engem Briefkontakt. Der um 14 Jahre Jüngere wirbt um Rahels Gunst, die sich ihm zwar anvertraut, aber die Leidenschaft ihrer früheren Liebschaften vermisst. Sie sehen sich selten – Varnhagen will zunächst sein Medi-

»Mein Leben soll zu Briefen werden.«

zinstudium in Tübingen beenden, tritt aber dann in den militärischen Dienst ein. Rahel verliebt sich in der Zwischenzeit in einen Freund Varnhagens, Ale-xander von der Marwitz, ohne sich jedoch Hoffnungen zu machen, der junge Adlige würde mit ihr zusammenleben. So schreibt sie ihm leidenschaftliche Briefe und vertraut ihre Schwärmereien auch Varnhagen an, der sie vergeblich vom Jähzorn und schlechten Charakter des Auserwählten zu überzeugen versucht.

Rahel bleibt aber auch Varnhagen verbunden. Sie unterstützt ihn dabei, den Adelstitel seiner Vorfahren »von Ense« legitimieren zu lassen, und befördert mit ihren weitreichenden Verbindungen seine diplomatische Karriere. Er wiederum lässt 1812 seinen und Rahels Briefwechsel über Goethes Werke anonym veröffentlichen. Seinem Editionsgeschick wird später nach Rahels Tod die Publikation ihrer Briefe zu verdanken sein, von denen heute rund 6000 bekannt sind. Die fruchtbare Zusammenarbeit mündet schließlich 1814 in der Eheschließung. Zwei Jahre nachdem Juden als preußische Bürger anerkannt wurden, entflieht die frisch getaufte Rahel Antonie Friederike Varnhagen von Ense endlich ihrer Herkunft.

Für mehrere Jahre verlässt Rahel ihr geliebtes Berlin. Nachdem der Krieg gegen Frankreich 1814 von Preußen und seinen Verbündeten siegreich beendet wird, folgt Rahel ihrem Ehemann zunächst nach Wien, wo Varnhagen beim Wiener Kongress tätig ist, dann nach Frankfurt am Main und Karlsruhe. Während Varnhagens Karriere als preußischer Geschäftsträger am badischen Hof ihren Höhepunkt erreicht, langweilt sich Rahel in ihrer Rolle als Diplomatengattin: »Von mir ist gar nicht mehr die Rede. Das heißt, was aus mir hervorgehen könnte, findet keine Beziehung; alles, was mich berührt, bezieht sich nicht auf mich. Alles nur auf Varnhagen; und dies auf sein Amt, seine Position; ich habe keine und bin auch nicht frei.«

Ihre Misere dauert jedoch nicht lange – die Restauration in Preußen schlägt zu und der als liberal geltende Varnhagen wird von seinem Posten abberufen. Das Ehepaar muss Karlsruhe verlassen. Rahel sieht der Rückkehr nach Berlin mit Zweifeln entgegen. Zu vieles hat sich verändert, die freigeistige und weltläufige Atmosphäre ihrer Salonjahre musste dem Biedermeier weichen. »Still steht alles«, schreibt Rahel und braucht Jahre, um sich wieder in der Stadt heimisch zu fühlen. Zumindest die Gegend ist ihr immer noch vertraut: Das Ehepaar wohnt zuerst in der Französischen Straße 20, dann in der Mauerstraße 36, beides wieder in der Friedrichstadt, im

Herzen des Geschehens. Zusammen mit Varnhagen lädt Rahel wieder Freunde zum Dinieren und Parlieren ein, doch an die Stelle der Ungezwungenheit ihres ersten Salons treten ausgeklügelte Speisefolgen. Nicht mehr gesellschaftliche Außenseiter sind zu Gast, sondern etablierte Persönlichkeiten, statt über Literatur und Liebe redet man über Politik. Rahel fasziniert jedoch immer noch, auch in zahlreichen Briefen wird ihr Verehrung entgegengebracht: Junge Genies wie Heinrich Heine huldigen ihr.

Ab 1829 geht es mit Rahels Gesundheit bergab. Geselligkeit bleibt ihr bis zu ihrem Tod wichtig, sie korrespondiert weiterhin mit ihren Freunden und schließt sich besonders eng mit Bettine von Arnim zusammen. Die Freundin ist an ihrem letzten Abend bei ihr, bevor Rahel am 7. März 1833 mit 62 Jahren in ihrem Bett verstirbt. Varnhagen veröffentlicht bereits ein Jahr später »Rahel. Ein Buch des Andenkens für ihre Freunde«. Ihr Andenken lebt noch heute. Ihre Briefe zeigen sie als Vordenkerin der Emanzipation und Aufklärung, als leidenschaftliche, originelle und widersprüchliche Frau, die ihre Zeit geprägt hat.

• In der Mauerstraße, hier auf einer Zeichnung aus dem späten 18. Jahrhundert, unterhielten die Varnhagens ihren Salon.

Königin Luise

Bei ihrem Einzug in Berlin drängen sich Hunderttausende in den Straßen. Musik und Jubelrufe begleiten die beiden jungen Prinzessinnen auf ihrem Weg vom Potsdamer Tor zum Stadtschloss, wo ihr neues Leben beginnen wird. Wunderschön, verschämt und doch strahlend blickt Luise neben ihrer Schwester in die Menge – schon jetzt liegt Berlin seiner zukünftigen Königin zu Füßen. Als Ideal der tugendhaften Ehefrau, Mutter und Königin gefeiert, überdauert Luise ihre Zeit. Ihr Leiden und ihre Zerrissenheit zwischen öffentlichen Auftritten, Mutterpflichten und der Unterstützung ihres überforderten Ehemannes bleiben verborgen. Die »Königin der Herzen« prägt in ihrem kurzen Leben ein ganzes Land.

Die spätere Königin Luise wird am 10. März 1776 in Hannover geboren. Als Tochter des alten, aber wenig wohlhabenden Adelshauses Mecklenburg wächst sie behütet und fern vom Großstadtleben auf. Sie ist erst sechs Jahre alt, als ihre Mutter nach einer schweren Geburt stirbt. Um seinen Töchtern eine angemessene Erziehung zukommen zu lassen, gibt Herzog Karl zu Mecklenburg-Strelitz sie nach Darmstadt zu ihrer Großmutter. Luise wird auf ein Leben als hochadlige Ehefrau vorbereitet. Sie lernt, unter allen Umständen die Contenance zu wahren, Demut und Gehorsam zu zeigen, aber auch zu unterhalten – Musizieren, Tanzen, Briefeschreiben. Höfische Etikette und Französisch sind selbstverständlich. Auf Reisen zu Verwandten und ins Ausland zeigt sich Luise überschwänglich, tanzt gern und bezaubert mit ihrer Schönheit und Grazie alle, die sie trifft.

Als der preußische König Friedrich Wilhelm II. Bräute für seine beiden Söhne Friedrich Wilhelm und Ludwig sucht, fällt die Wahl auf Luise und ihre jüngere Schwester Friederike. 1793 lernen sich die zukünftigen Paare erstmals persönlich kennen. Als Kronprinz darf sich Friedrich Wilhelm innerhalb von drei Tagen für eine der beiden Prinzessinnen von Mecklenburg-Strelitz entscheiden. Er ist angetan von Luise. Sie ist 17, der Prinz 22 Jahre alt, als die Verlobung feststeht.

Bis zur Hochzeit schreiben sie sich regelmäßig Briefe voller Zärtlichkeit und Zuneigung: »Ich sehne mich sehr danach, Sie wiederzusehen, behalten Sie mich immer lieb, teurer Prinz, denken Sie auch manchmal an Ihre Freundin.« Selbst der eher pragmatische, wortkarge Friedrich Wilhelm taut auf und nennt sich »der glücklichste Sterbliche auf der Erde«. Der – für eine Standesehe eher ungewöhnliche – herzliche Briefwechsel legt den Grundstein für ihre harmonische Ehe.

Sie heiraten am 24. Dezember 1793. Die Doppelhochzeit – die Eheschließung von Friederike und Ludwig folgt zwei Tage später – wird als prunkvolles Fest inszeniert. Schon beim Einzug

• Luise von Preußen auf einem Gemälde von Gustav Richter (1810)

der Prinzessinnen in Potsdam und Berlin greift der König tief in die magere Staatskasse. Als Luise von den Vorbereitungen erfährt, wird sie nervös und beteuert dem Prinzen gegenüber, dass sie »ganz einfach« sei. Ihre Erwartungen werden noch übertroffen. Schon in Potsdam werden die Schwestern mit Kanonendonner empfangen, die ganze Stadt ist illuminiert, am Portal des Potsdamer Stadtschlosses treten Friedrich Wilhelm und Ludwig ihren Bräuten entgegen. Ganz Berlin ist auf den Beinen und säumt die Route des Festzugs: vom Potsdamer Tor und dem Leipziger Platz über die Leipziger Straße und die Wilhelmstraße, entlang des Boulevards Unter den Linden bis zum Schloss. Jubelrufe begleiten die Kutschen der Prinzessinnen. Luise ist zwischen Angst, Aufregung und Freude hin- und hergerissen: »Wie bange wohl mir das Herz pochte, als ich den Toren Berlins näher kam und alle die Freuden- und Ehrenbezeugungen empfing (…) es war eine feierliche Stunde für mich, in der ich Berlins Einwohnerin ward.« Herausgeputzte Kinder überreichen Luise und Friederike vor einer eigens errichteten Ehrenpforte Blumen und Gedichte. Einer beliebten Geschichte zufolge ist Luise so gerührt, als ihr ein Mädchen einen Myrtenkranz reicht, dass sie das Kind an sich zieht und küsst, ohne Verständnis für die Unangemessenheit ihres Tuns – zur Begeisterung der Zuschauer. Schon jetzt zeichnet sich Luises Ruf als volksnahe »Königin der Herzen« ab, wie Schlegel sie später tituliert.

Elf Tage lang dauern die Hochzeitsfeierlichkeiten. Danach beginnt für Luise das Leben als Kronprinzessin. Mit ihrem Ehemann behält sie einen herzlichen und ungezwungenen Umgang bei, das Paar spricht sich seit der Hochzeit mit dem vertrauten Du an und verbringt viel Zeit miteinander. Doch das Leben am großen königlichen Hof überwältigt Luise, die Feinheiten des gesellschaftlichen Umgangs überfordern sie zunächst. Die Gräfin Sophie Marie von Voß wacht als Oberhofmeisterin über die junge Prinzessin und tadelt häufig ihren Übermut. Luise tanzt für ihr Leben gern – aber als sie und Friederike ihre Kunstfertigkeit beim Walzen beweisen, ist ihre Schwiegermutter Königin Friederike entsetzt, ist doch der sinnliche Walzer am preußischen Hof verboten. Dann flirtet Luise auch noch mit

• Luise und ihre Schwester Friederike wurden 1796 in der berühmten »Prinzessinnengruppe« von Johann Gottfried Schadow verewigt.

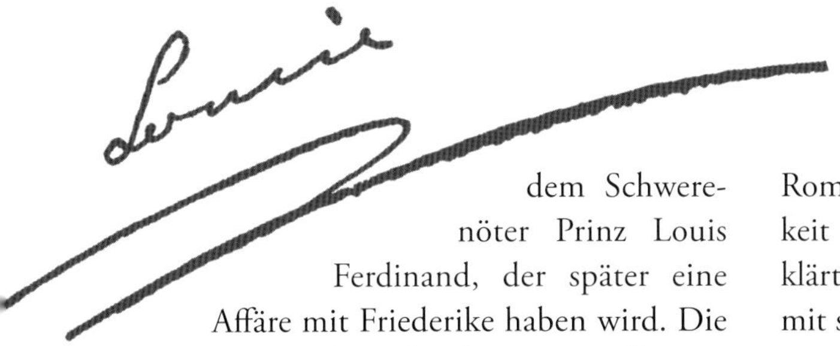

dem Schwerenöter Prinz Louis Ferdinand, der später eine Affäre mit Friederike haben wird. Die Kronprinzessin übersteht die erste Ballsaison in Berlin, klagt aber, dass ihre Gesundheit unter den Anstrengungen leidet. Gesundheit wird jedoch bald sehr wichtig – kurz nach der Hochzeit ist Luise bereits schwanger. Auf die nächtlichen Tanzvergnügen muss sie erst mal verzichten.

Luise liebt Berlin, das sie auch mal mit ihrer Schwester Friederike auf eigene Faust erkundet – sehr zum Ärger der Gräfin von Voß. Mit Friedrich Wilhelm macht sie Ausflüge in der Kutsche und geht stundenlang im Tiergarten spazieren, abends besuchen sie das Theater oder Konzerte. Das Paar wohnt im Kronprinzenpalais Unter den Linden und pflegt einen eher bescheidenen Lebensstil. Frühjahr und Sommer verbringt die Königsfamilie in Potsdam, wo Luise endlich wieder etwas freier atmen kann: »Überhaupt, die sechs Wochen, die ich in Potsdam mit ihm zugebracht habe, waren unstreitig die glücklichsten meines Lebens. Ganz ohne Gêne und Etikette, so ganz nach seinem Willen hab' ich gelebt.« Als weitere Rückzugsmöglichkeit vor dem steifen Hofzeremoniell erwirbt Friedrich Wilhelm das Gut Paretz und lässt es mit Schloss und Garten zur neuen Sommerresidenz des Paares umgestalten. Luise weiß die Abgeschiedenheit und schlichte Einrichtung zu schätzen. Hier erholt sich das Paar von den Anstrengungen des Berliner Hoflebens. Neben Paretz liebt Luise aber auch das Schloss Charlottenburg. Bei ihren regelmäßigen Aufenthalten dort wohnt sie im Obergeschoss des Neuen Flügels und geht oft im Schlosspark spazieren.

Das erste Kind des Paars kommt tot zur Welt, aber 1795 wird der Sohn Friedrich Wilhelm geboren. Auch in den nächsten Jahren wechselt Luise regelmäßig zwischen öffentlichen Auftritten und dem Wochenbett. Sie steht in knapp 17 Ehejahren zehn Geburten durch, drei Kinder sterben früh. Sie ist eine liebevolle Mutter, die ihre Kinder gern in ihrer Nähe hat. Nachdem bereits ihre harmonische Ehe den zeitgenössischen Vorstellungen der Romantik entspricht, trägt auch ihre Mütterlichkeit dazu bei, dass Luise zum Ideal der Frau verklärt wird. Die vielen Darstellungen des Ehepaars mit seinen Kindern festigen dieses Bild. Auch Luises Schönheit wird von Künstlern immer wieder gerühmt. Zahlreiche Porträts halten die Prinzessin in ihren geliebten weißen wallenden Gewändern fest, der Bildhauer Gottfried Schadow schafft eine viel beachtete Skulptur von Luise und Friederike. Mit der liebreizenden Kronprinzessin erhält das steife preußische Königshaus ein attraktives Antlitz – und Luise weiß diesen Vorteil als Königin gut zu nutzen.

Am 16. November 1797 stirbt König Friedrich Wilhelm II., der Kronprinz wird neuer König. Luise ist zu diesem Zeitpunkt erneut schwanger, unterstützt ihren Ehemann jedoch aufopfernd bei seinen repräsentativen Pflichten. Wie wichtig ihre Auftritte an der Seite des neuen Königs sind, zeigt sich gleich bei den Huldigungsfeiern in Königsberg und Berlin, bei denen Friedrich Wilhelm offiziell als Nachfolger seines Vaters eingesetzt wird. Auf die Frage ihres Bruders Georg, warum sie ihren Gatten trotz ihres Zustandes bei der anstrengenden Reise begleitet, schreibt Luise: »Ich werde alles anwenden, um ohne Zwang die Liebe der Untertanen durch Höflichkeit, zuvorkommendes Wesen, Dankbarkeit da, wo man mir Beweise der Liebe und Anhänglichkeit geben wird, zu gewinnen und zu verdienen, und so, glaube ich, werde ich mit Nutzen reisen.« So wird es ihr Leben lang bleiben: Mit ihrer natürlichen Liebenswürdigkeit gewinnt sie die Herzen der Menschen, wo der König vor jubelnden Mengen eher zurückschreckt.

Auch dank Luise erfreut sich das neue Königspaar außerordentlicher Beliebtheit im Volk. Ihre Ehe und Familie gelten als vorbildlich, mit ihrer bescheidenen Lebensweise kommen sie dem Zeitgeist entgegen. Doch Friedrich Wilhelm tut sich schwer beim Regieren. Er ist überfordert von den vielen Entscheidungen, die er treffen muss. Sparsamkeit ist seine Maxime in der Innenpolitik, nach außen behält er sich strikte Neutralität vor. Unter seiner Führung hält sich Preußen aus den ersten Kriegen gegen Napoleon heraus. Luise fängt die

»Ich bin nicht zur Königin geboren, doch will ich gerne das Opfer werden, wenn nur sonst in der Zukunft mal dadurch was Gutes gestiftet werden kann.«

Gereiztheit des Königs im Familiären auf, umsorgt und lenkt ihn ab, obwohl diese Zeit für sie selbst schwierig ist. Am schwersten trifft sie Friederikes Fall – die liebste Schwester hat nach dem Tod ihres Ehemanns zahlreiche Affären, unter anderem mit Prinz Louis Ferdinand, und wird 1798 schließlich schwanger von einem Offizier der Königlichen Garde. Empört ordnet Friedrich Wilhelm die Verheiratung des Paares an und verbannt sie vom Hof. Luise ist untröstlich: »Sie ist fort, ja sie ist auf ewig von mir getrennt. Sie wird nun nicht mehr die Gefährtin meines Lebens sein.« Auch der, dem sie das schreibt, ihr Lieblingsbruder Georg, bereitet ihr Kummer: Seine Affäre mit einer Bürgerlichen macht Luises Eingreifen nötig, sie weist den Bruder scharf zurecht, sich auf seinen Stand zu besinnen.

Als Königin verspürt Luise ein neues Bedürfnis nach Bildung. Ihr Gatte steht den geistigen Strömungen der Zeit eher skeptisch gegenüber und sieht keinen Grund, sich näher damit zu befassen. Luise hingegen freundet sich mit der bekannten Salonière Caroline von Berg und der Hofdame Marie von Kleist an, liest viel und korrespondiert rege. Durch ihre gebildeten Freundinnen findet sie Eingang in das kulturelle Leben ihrer Zeit und lernt insbesondere Goethe und Schiller zu schätzen. Langsam findet sie sich in ihre neue Rolle ein: »Wir sind glücklich! Ich? So sehr als es eine Königin sein kann: Es ist aber doch nicht das Glück einer Kronprinzeß.« Auch dieses Glück ist jedoch von kurzer Dauer.

• Das Familienidyll des Königspaares: Holzstich von J. F. Krethlow nach einem Kupferstich von Heinrich Anton Dähling (1885)

Napoleon siegt weiterhin in Europa. Als 1801 in Russland Zar Alexander I. den Thron besteigt, wirbt er stärker um Preußens Unterstützung im Krieg. Trotz seines Unwillens trifft Friedrich Wilhelm den galanten Zar in Memel, wo sich die Beziehungen der Herrscher auch unter Luises Einfluss freundschaftlich gestalten. Luise schwärmt für den Zaren – »Er sieht aus wie ein junger Herkules« –, doch Friedrich Wilhelm zögert, seine Neutralitätspolitik aufzugeben. 1805 besucht der Zar das Paar in Berlin, ihm zu Ehren erhält der Alexanderplatz seinen Namen. Um die Verbrüderung der beiden Herrscher zu bekräftigen, inszeniert Luise ein Treffen am Grab Friedrichs des Großen in der Potsdamer Garnisonkirche – um Mitternacht reichen sie einander die Hände und schwören sich ewige Freundschaft. Das hält Friedrich Wilhelm jedoch nicht davon ab, 1806 kurzzeitig zum Verbündeten von Frankreich zu werden, bevor Napoleons aggressive Eroberungspolitik die Stimmung in Preußen endgültig gegen ihn wendet. Luise setzt sich für einen Feldzug gegen Frankreich ein und findet ungewohnt harte Worte für Napoleon: »Je mehr Nachgiebigkeit man ihm zeigt, um so mehr spottet er derer, die so dumm sind. Gewalt gegen Gewalt, das ist meiner Meinung nach das einzige.« Im August schließlich zieht Friedrich Wilhelm in den Krieg gegen Frankreich. Luise lässt sich von der Kriegsbegeisterung so weit mitreißen, dass sie den König begleitet, in die Farben ihres Dragonerregiments gekleidet. Die französische Propaganda verspottet sie als »Amazone«, die ihr Volk ins Verderben führt.

Der Feldzug endet so schnell, wie er begonnen wurde – Frankreich schlägt Preußen vernichtend bei Jena und Auerstedt, der König und Luise müssen auf getrennten Wegen fliehen und retten sich mit kläglichen Überresten ihres Hofs nach Memel, ganz an die Grenze des Reiches. Napoleon marschiert am 27. Oktober triumphierend in Berlin ein. Luise, schwer an Typhus erkrankt und geschwächt von der Flucht, klagt über diese »Schmach«. Trotz der Unterstützung des Zaren muss Friedrich Wilhelm 1807 in Tilsit mit Napoleon über Friedensbedingungen verhandeln. Die Aussichten für Preußen sind finster, als der König nach Empfehlung seiner Berater Luise zu den Verhandlungen hinzubittet. Die Königin, die Na-

• Luise bei den Gesprächen mit Napoleon in Tilsit, Gemälde von Nicolas Gosse (1837)

poleon in Briefen als »Teufel« und »Ungeheuer« schimpft, trifft sich mit dem Eroberer und bittet als Mutter der Nation um die Schonung Preußens. Napoleon zeigt sich durchaus angetan von ihrem stolzen und eleganten Auftreten, lässt sich aber nicht erweichen. Preußen verliert die Hälfte seines Territoriums und verpflichtet sich zu hohen Reparationszahlungen an den Sieger. Luise ist am Boden zerstört: »Preußen existiert nicht mehr.«

Nicht einmal sofort nach Berlin zurückzukehren ist ihr vergönnt. Noch bis 1809 muss das Ehepaar in Memel und Königsberg ausharren, während

die französischen Truppen Preußen besetzt halten. Auch ein Besuch in St. Petersburg tröstet Luise nicht über die Verbannung hinweg. Als die Rückkehr endlich in Aussicht ist, schreibt sie ihrem Bruder voller Vorfreude: »An zwei Augenblicke vor allem kann ich nicht denken, ohne daß mir die Tränen in die Augen kommen, nämlich, wenn ich zum erstenmal die Türme von Berlin wiedersehen werde, und dann, wenn mein Wagen von der Brücke nach links biegen wird und ich fühle, wie ich die Rampe des Schlosses hinauffahre.« Wie vor 16 Jahren bei ihrem ersten Einzug in Berlin wird Luise auch bei ihrer Rückkehr mit Jubel und Festbeleuchtung empfangen. Endlich hat sie ihre Stadt wieder.

Luises letzte Lebensjahre sind von politischem Engagement geprägt. Friedrich Wilhelm sperrt sich nicht mehr gegen die Reformen, die einflussreiche Staatsmänner wie Karl August von Hardenberg und der Freiherr vom und zum Stein fordern. Als im Zuge der Erneuerung die Perücken für preußische Soldaten abgeschafft werden, schneidet sich der König seinen eigenen Soldatenzopf ab und schickt ihn seiner Ehefrau. Luise weiß den politischen Gestus zu schätzen: »Vor zwei Jahren hätte man in Preußen nicht gewagt, an diese Änderung zu denken, wegen der Idee und des Wertes, den man dem alten Kostüm der preußischen Armee beimaß.« Sie ist davon überzeugt, dass nur tiefgreifende Veränderungen eine Zukunft Preußens sichern können, und engagiert sich in innen- und außenpolitischen Debatten. Wenn es zu Konflikten zwischen dem König und den Reformern kommt, greift Luise vermittelnd ein. Der Wiederaufbau ihres Landes ist ihr am wichtigsten, auch wenn ihre eigenen Kräfte zu dieser Zeit schwinden. Sie schreibt von »unaussprechlichen Leiden« und gibt doch nicht auf. Bei einem Familienbesuch in Hohenzieritz erkrankt Luise schwer, eine Lungenentzündung fesselt sie ans Bett. Der König und die beiden ältesten Söhne kommen gerade rechtzeitig an, um ihrem Tod am 19. Juli 1810 beizuwohnen. Luise ist nur 34 Jahre alt geworden. Die Trauerfeier der Königin wird so prunkvoll ausgerichtet wie damals ihr Einzug in Berlin. Sie wird in einem Mausoleum im Park des Schlosses Charlottenburg beigesetzt. Eine Marmorskulptur von Christian Daniel Rauch verewigt die junge schöne Königin, wie sie die nächsten Jahrhunderte über verehrt wird – als liebende Mutter, treue Ehefrau und Märtyrerin.

Bettine von Arnim

Ein durchdringender Geruch hängt in den Straßen, Leichenträger bahnen sich den Weg mit warnendem Klingeln – die Cholera wütet in Berlin. Es fehlt an allem, in den Elendsquartieren geht es zu wie im Mittelalter. Die meisten vermögenden Bürger fliehen oder sperren sich in ihren Häusern ein. Eine nicht: Bettine von Arnim organisiert Kleidung und Decken, sammelt Spenden, verteilt Belladonna an die Kranken. Die Not schreckt sie nicht ab, sondern macht sie wütend. Die berühmteste Schriftstellerin der Romantik erwacht als politische Denkerin, die Freiheit und Gleichstellung für alle fordert und dabei weder König noch Gefängnis fürchtet. Es ist ein langer Weg vom verträumten Mädchen über die siebenfache Mutter zur Wortschmiedin, die Berlin in Aufruhr versetzt.

»Es war einmal ein Kind, das hatte viele Geschwister.« – Bettine übertreibt nicht, wenn sie mit diesen Worten auf ihre Kindheit zurückblickt. Sie wird am 4. April 1785 als 13. Kind des italienischen Kaufmanns Peter Anton Brentano und Maximiliane von La Roche in Frankfurt am Main geboren und wächst mit 19 Geschwistern aus drei Ehen des Vaters auf. Das aufgeweckte Mädchen – dessen voller Name eigentlich Catharina Elisabetha Ludovica Magdalena lautet – steht dem Vater besonders nahe. Als Maximiliane 1793 stirbt, gibt Brentano die achtjährige Bettine mit zwei Schwestern zu den Ursulinen in Fritzlar. Sie erhält Unterricht im Lesen und Rechnen, in Musik und Zeichnen. Die Nonnen sind aber nicht sehr streng gegenüber den Mädchen und Bettine streunt viel im Garten und im Wald herum. Die Natur prägt sie mehr als der katholische Glauben, den sie zeitlebens wegen seiner »Drohbotschaft« und des Sündenbegriffs kritisiert.

1797 stirbt der Vater. Halbbruder Franz, das neue Familienoberhaupt, überstellt die Mädchen an die Großmutter La Roche. Diese, selbst eine (anonyme) Schriftstellerin und anerkannte Expertin der tugendhaften Mädchenerziehung, versucht Bettines Bildung voranzutreiben, stößt bei der Enkelin jedoch auf taube Ohren: »Mit dem Lernen wird's nichts, ich kann's nicht brauchen, was soll ich lernen, was andere schon wissen.« Bettine will alles selbst entdecken. Viel interessanter sind da die gemeinsamen Vorleseabende mit der Großmutter und deren Salon, in dem Bettine Geselligkeit zu pflegen lernt. Doch erst der ältere Halbbruder Clemens führt sie in die Literatur der Frühromantik ein, die sein eigenes literarisches Schaffen inspirierte – und vor allem empfiehlt er ihr Goethe, dessen Werke bei Bettine sofort Anklang finden. Sie verehrt sein Genie und fühlt sich in ihrer Gewissheit bestätigt, dass es im Leben auf

• Bettine von Arnim auf einem Gemälde nach einer zeitgenössischen Miniatur

die »Eigenmacht« ankommt, die Ermächtigung des Selbst: Es ist die höchste Pflicht eines jeden, die eigenen genialen Anlagen zur Entfaltung zu bringen.

»Ich selbst zu bleiben, das ist meines Lebens Gewinn.«

Davon hält ihre Familie allerdings nicht viel: Nach ihrer Rückkehr ins Haus des Vormunds Franz suchen die Brüder eifrig nach einem Ehemann für die 17-Jährige. Clemens stellt sie seinem Studienfreund Friedrich Carl von Savigny und dann dem Dichter Achim von Arnim vor, doch beiden ist Bettine zu ungestüm – mit Arnim entwickelt sich allerdings ein vertrauensvoller Briefwechsel. Bettines Schwestern heiraten eine nach der anderen – Savigny führt die folgsame Gunda heim – und lassen sie gelangweilt und unglücklich im gutbürgerlichen Haus des Bruders zurück. Ihr Lichtblick wird die innige Freundschaft mit Karoline von Günderrode. Das um fünf Jahre ältere Stiftsfräulein ist hochgebildet und schwermütig, dichtet unter männlichem Pseudonym und träumt sich zusammen mit Bettine aus den Beschränkungen ihres Lebens fort. Karoline beeinflusst Bettine nachhaltig, auch wenn ihre nicht immer einfache Freundschaft kaum länger als ein Jahr währt. 1806 tötet sich Karoline mit einem Dolch – eine schwere Erschütterung für die lebenslustige Bettine, die der Freundin über 30 Jahre später mit dem Briefroman »Die Günderode« ein literarisches Denkmal setzt. Bettines neue Vertraute wird Goethes Mutter Katharina Elisabeth, genannt »Frau Rat Goethe«, die der »lieben Tochter« von ihrem Leben und vom Aufwachsen des genialen Sohnes erzählt. Bereits Bettines Mutter und Goethe verband eine gegenseitige Zuneigung, der Bettine jetzt erst auf die Spur kommt. 1807 lernt sie den berühmten Dichter endlich persönlich kennen und beginnt einen – von seiner Seite eher sporadisch geführten – Briefwechsel. Ein Jahr später stirbt Goethes Mutter und findet später ebenfalls Eingang in Bettines Werk.

Ohne Ehemann ist Bettine auf Duldung ihrer Familie angewiesen, von der sie sich zunehmend entfremdet. 1808 flieht sie zu Savigny und ihrer Schwester Gunda. In den nächsten Jahren begleitet sie das Ehepaar nach München, Landshut und Berlin und erweitert ihren Bekanntenkreis. Immer noch fühlt sie sich gelangweilt und rastlos, sucht nach einer Aufgabe, ohne zu wissen, welche das sein könnte: »Mir überwältigt diese immerwährende rastlose Begier nach Wirken oft die Seele und bin doch nur ein einfältig Mädchen, deren Bestimmung ganz anders ist.«

1810 bahnt sich endlich eine Verbindung mit Achim von Arnim an. Bei ihrem jahrelangen Briefwechsel war Arnim oft irritiert über Bettines eigensinnige Vorstellungen und auch sie zeigte nur selten amouröses Interesse: »Ich wollt ich wär Ihr Bruder oder Freund.« Die gegenseitige Zuneigung und Wertschätzung reichen jedoch aus, um 1811 zu heiraten – für Bettine mit ihren 26 Jahren wird es höchste Zeit. Ihren Traum von Selbstentfaltung muss sie nun erst mal aufschieben, denn in rascher Folge kommen sieben Kinder auf die Welt, die ihre ganze Energie in Anspruch nehmen.

Das Ehepaar wohnt zuerst in Berlin, doch aus finanzieller Not zieht Arnim das Landgut Wiepersdorf vor, auf dem er sich ab 1814 ins landwirtschaftliche Arbeiten vertieft. Bettine kommt jedoch mit dem abgeschiedenen Leben nicht zurecht, sie braucht Geselligkeit und neue Eindrücke. 1817 nimmt sie sich mit den Kindern eine Wohnung in Berlin, auch wenn das jahrelangen Streit mit Arnim nach sich zieht. Nicht nur wegen des Wohnorts hängt der Haussegen schief: Bettine räumt den Kindern große Freiheiten ein, Arnim fordert Zucht und Ordnung; während er auf dem Gut seine Erfüllung findet, ist sie entsetzt über seine »Verbauerung« und hält ihm vor, er würde seine dichterischen Anlagen brachliegen lassen. Ungewohnt bitter zieht Bettine gegenüber Savigny Bilanz: »Ich habe die 12 Jahre meines Ehestandes leiblich und geistigerweise auf der

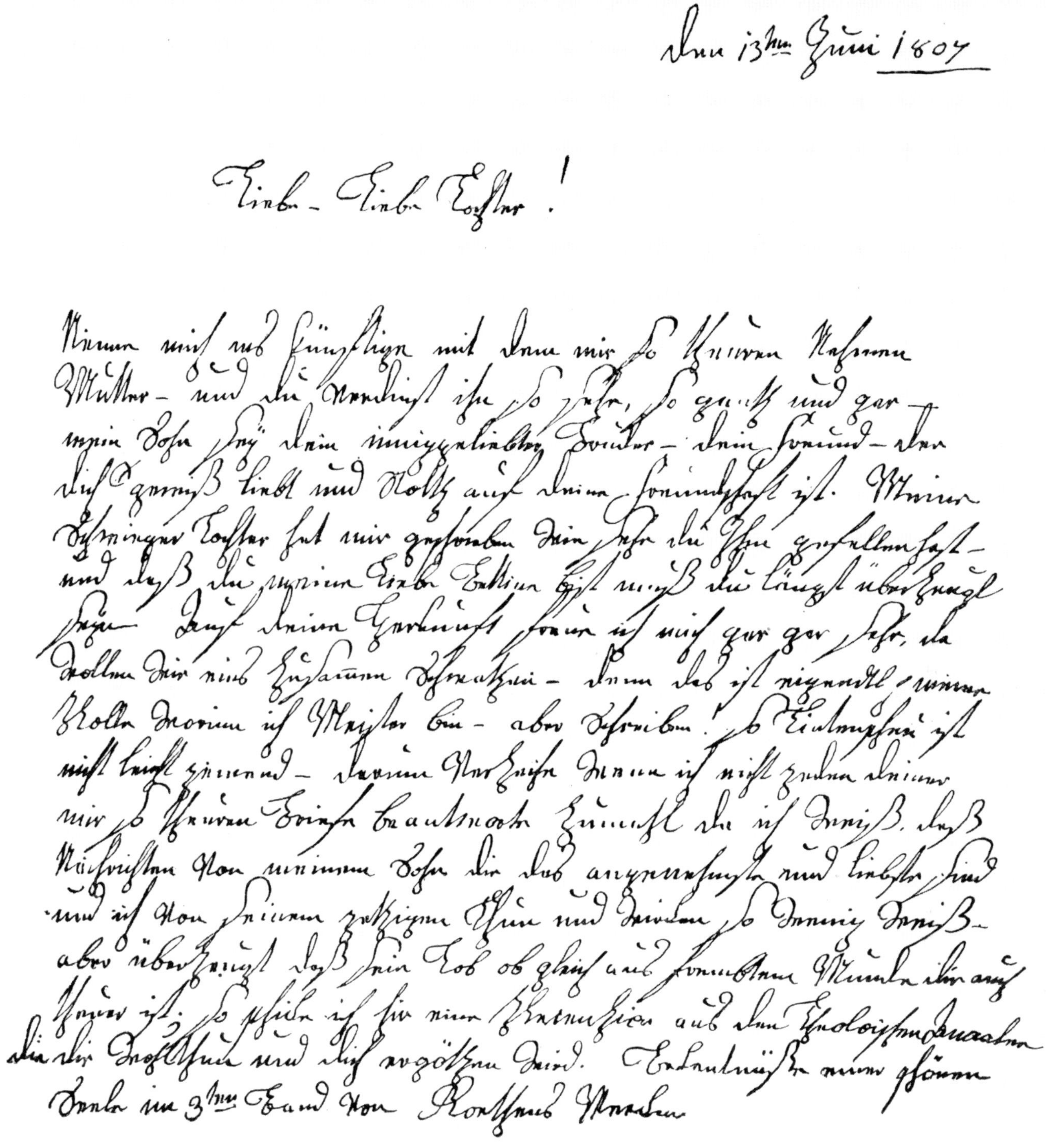
Den 13ten Juni 1807

Liebe – Liebe Tochter!

• »Liebe, liebe Tochter!« Goethes Mutter an Bettine Brentano, 13. Juni 1807

Marterbank zugebracht (…) Mein Perspektiv ist das End aller Dinge.« Als das Ende dann kommt, trifft es allerdings Arnim – er verstirbt 1831 überraschend.

Trotz der früheren Konflikte pflegt Bettine das Andenken ihres Mannes, ab 1837 gibt sie seine gesammelten Werke heraus. Sie fühlt, dass sie nun etwas Neues beginnen kann. Bettine zieht ins Obergeschoss des Palais Raczyński Unter den Linden 21 und besinnt sich auf die Wünsche und Vorstellungen, die so lange unerfüllt in ihr reiften. Endlich kann sie ihr Selbst entfalten. Mit 40 Jahren betritt die Schriftstellerin Bettine von Arnim die Literaturbühne Berlins.

Ihr erstes Werk, »Goethes Briefwechsel mit einem Kinde«, erscheint 1835 – nach dem Tod des verehrten Dichters und gegen den Widerstand ihrer Familie: Für eine Frau schicke es sich nicht,

• Das Palais Raczyński auf einer zeitgenössischen Lithografie, um 1820

sich so zu profilieren. Darin gestaltet Bettine ihren Briefwechsel mit Goethe um – der in Wahrheit weder so umfangreich noch so intim geführt wurde – und entwickelt eigene Ideen über die Natur des Menschen. Auch bei den später veröffentlichten Briefwechseln »Die Günderode« (1840) und »Clemens Brentanos Frühlingskranz« (1844) wird Bettine recht frei mit dem Originalmaterial umgehen. Die erste Auflage des Goethebuchs, 5000 Exemplare, ist rasch ausverkauft. Kritiker werfen ihr Unsittlichkeit und Zurschaustellung vor, da Bettines stilisiertes Ich, »das Kind«, durchaus ebenbürtig mit Goethe diskutiert. Auch die Anmaßung einer Frau, Schriftstellerin sein zu wollen, erregt die Gemüter. Die studentische Jugend ist hingegen begeistert von Bettines liberalen Ansätzen. Auf einen Schlag ist sie in der ganzen Stadt berühmt.

Dieses erste Buch ist nur der Anfang von Bettines Wirken gegen die herrschende Ordnung. Seit der Berliner Choleraepidemie 1831, bei der sie das Elend der Armen von Nahem gesehen hat, kritisiert Bettine die soziale Ungerechtigkeit und die Massenarmut in Preußen, die in der Führungsschicht des Staates gern ignoriert wird. Ihre Hoffnung setzt sie jedoch nicht auf einen Umsturz, sondern auf eine Änderung von oben – zeitlebens glaubt Bettine an einen aufgeklärten König, einen »Volkskönig«. Und das rege öffentliche Echo ebnet ihr den Weg zum königlichen Ohr. So korrespondiert sie mit dem Kronprinzen, dem die Aufmerksamkeit der berühmten Schriftstellerin schmeichelt und der ihr in einzelnen Bitten durchaus entgegenkommt.

Als Friedrich Wilhelm IV. 1840 König wird, glaubt Bettine an seinen Reformwillen – und wird bitter enttäuscht. Doch sie sieht die Schuld eher bei seinem Umfeld und meint, ihm die Augen über das Elend seines Volkes öffnen zu müssen. So veröffentlicht sie 1843 »Dieses Buch gehört dem König«. In fiktiven Gesprächen mit Autoritätspersonen lässt sie niemand anderen als Goethes Mutter, »Frau Rat Goethe«, scharfzüngig und unverblümt soziale Missstände in Preußen anprangern. Prompt wird das Werk in Bayern und Österreich verboten – in Preußen ist man weniger besorgt, da Bettines Schreibstil als zu kompliziert gilt, um die breite Masse anzusprechen. Der König, der vor Veröffentlichung auch noch der Widmung an sich zugestimmt hat (ohne das Buch zu kennen), ist pikiert. Aufmerksamkeit ist Bettine sicher. Der Salon, den sie ab 1836 in ihrem Haus führt, steht unter scharfer Beobachtung, ihre Post wird geöffnet. Die Studenten, die sich dort zusammen mit Gelehrten und Künstlern versammeln, schreckt das nicht. Der Salon ist so gut besucht, dass zeitweise niemand mehr in das Wohnzimmer hineinpasste. Nach dem blutig niedergeschlagenen Weberaufstand in Schlesien 1844 gilt Bettine als Anstifterin, sie kann nicht mehr so leicht veröffentlichen. Ihr geplantes »Armenbuch«, für das sie weitreichende Recherchen angestellt hat, muss sie aufgeben.

Doch nichts kann Bettine zum Schweigen bringen. Satirisch fordert sie den mächtigen preußischen Justiz- und Verwaltungsapparat heraus und wird in der Folge 1847 wegen Beleidigung des Magistrats zu zwei Monaten Gefängnis verurteilt. Dank ihrer Verbindungen wird das Urteil zurückgezogen, obwohl Bettine durchaus bereit ist, ins Gefängnis zu gehen, um ihren Forderungen Nachdruck zu verleihen. Für den Kampf gegen soziale Ungerechtigkeit und Armut nimmt sie vieles in Kauf.

Auch einen Riss in der eigenen Familie: Nachdem in Berlin im März 1848 die Revolution ausbricht, tun sich tiefe ideologische Gräben auf zwischen Bettine sowie einem Teil ihrer Kinder einerseits und den Savignys sowie den übrigen Kindern andererseits. Bettine löst das Problem auf ihre liberale Art und Weise: Von nun an existieren in der neuen Wohnung In den Zelten 5 beim Tiergarten (heute befindet sich dort das Regierungsviertel) zwei Salons, ein demokratischer und ein aristokratischer. So vermeidet sie den Bruch innerhalb der Familie. Salons, in denen wie früher gegensätzliche Meinungen aufeinandertreffen, können in der angespannten politischen Lage nicht mehr bestehen.

Die Gewalt in Berlin eskaliert, doch beim König stößt Bettine nun auf taube Ohren. 1852 erscheint ihr letztes Werk, »Gespräche mit Dämonen: Des Königsbuches zweiter Band«, es findet jedoch kaum Leser. Bettines Haltung hat sich überholt – den einen ist sie in ihrem Vertrauen auf die verändernde Macht des Königs nun zu konservativ, den anderen immer noch zu fortschrittlich. Die Zeit läuft ihr davon.

Das merkt sie auch gesundheitlich: Mehrere Schlaganfälle beeinträchtigen sie in den letzten Jahren, sie zieht sich zurück und wird von zwei Töchtern versorgt. Am 20. Januar 1859 stirbt sie in ihrer Berliner Wohnung. Sie wird neben Arnim in Wiepersdorf beigesetzt. Ihr Nachlass wird von ihrem konservativen Sohn Siegmund verborgen. 1929 muss die Familie Bettines Briefe und Aufzeichnungen aus finanziellen Gründen versteigern, ein Großteil geht verloren. Viele Originalbriefe sind nicht mehr erhalten, so dass heute kaum noch der Wahrheitsgehalt von Bettines Briefromanen überprüft werden kann. Doch auf Wirklichkeitstreue hatte Bettine es auch nicht abgesehen: Mit ihrer Verschmelzung von Realität und Phantasie hat sie sich einen eigenen Freiraum geschaffen, in dem sie sich selbst und ihre Weltsicht entfalten konnte. Sie eröffnete Frauen die Möglichkeiten der eigenen Kreativität – zur Veränderung der Wirklichkeit.

• Bettines Wohnung In den Zelten 5

Fanny Hensel

Ein Sonntagvormittag in Berlin: Vor dem Recke'schen Palais in der Leipziger Straße drängen sich die Equipagen. Namhafte Gäste aus dem In- und Ausland nehmen im Gartensaal Platz, vor ihnen thront ein Flügel, der Saal öffnet sich hin zum üppigen Park der Familie Mendelssohn. Doch nicht der berühmte Spross Felix tritt vor die zahlreichen Besucher, sondern eine lebhafte Frau mit dunklen Locken – seine Schwester Fanny. Und wenn ihr virtuoses Klavierspiel den Saal erfüllt, fragt sich niemand mehr, ob das der richtige Platz für eine Frau ist. Zeitlebens steht Fanny im Schatten des gefeierten Bruders, der besser als jeder andere um ihr Talent weiß und sogar einige der von ihr komponierten Lieder unter seinem Namen veröffentlicht. Doch ihre »Sonntagsmusiken« werden zum Mittelpunkt des musikalischen Lebens in Berlin.

Geboren wird Fanny noch in Hamburg, am 14. November 1805 kommt sie als älteste Tochter des jüdischen Bankiers Abraham Mendelssohn und seiner Frau Lea zur Welt. Ihr Lieblingsbruder Felix, mit dem sie bis an ihr Lebensende eng verbunden bleiben wird, folgt vier Jahre später. Unter den wirtschaftlichen Repressionen der napoleonischen Besatzung muss Mendelssohn sein Bankhaus aufgeben und mit der Familie 1811 nach Berlin ziehen, wo er bei der Bank eines Verwandten unterkommt. Hier kommen zwei weitere Kinder zur Welt. Die Mendelssohns werden nicht freundlich empfangen: Obwohl Juden 1812 zu preußischen Bürgern werden, nehmen Ressentiments gegen sie zu, Beschimpfungen sind an der Tagesordnung. Damit seine Kinder es später im Leben einfacher haben, lässt Mendelssohn sie 1816 protestantisch taufen, die Eltern konvertieren einige Jahre später. Fanny nimmt den zweiten Vornamen Caecilie an. Ab 1823 führt die ganze Familie den Nachnamen Mendelssohn Bartholdy.

Bildung wird im Haus Mendelssohn großgeschrieben. Zuerst unterrichten die Eltern ihre Kinder selbst, dann geben sie sie in die Obhut namhafter Privatlehrer. Unterrichtet werden Mathematik, Sprachen, Zeichnen, Tanz und natürlich Musik. Der Leiter der Berliner Sing-Akademie Carl Friedrich Zelter bemerkt im Kompositionsunterricht die musikalische Begabung von Fanny und Felix und fördert die beiden gezielt. Unter seiner Anleitung lernen die Geschwister insbesondere Beethoven und Bach zu schätzen, diese Vorliebe prägt ihre eigenen Werke. Dass Fanny ebenso talentiert ist wie Felix, bleibt der Familie nicht verborgen – zum Geburtstag des Vaters 1818 spielt sie Bachs »Wohltemperiertes Klavier« auswendig vor und die Mut-

• Fanny Hensel auf einem Gemälde von Moritz Daniel Oppenheim, 1842

»Ein Dilettant ist schon ein schreckliches Geschöpf, ein weiblicher Autor ein noch schrecklicheres, wenn aber beides sich in einer Person vereinigt, wird natürlich das allerschrecklichste Wesen entstehn.«

ter lobt ihre »Bach'schen Fugenfinger«. Mit 14 Jahren komponiert Fanny ihr erstes eigenes Stück.

Doch obwohl Abraham Mendelssohn ein liberales, weltoffenes Haus führt – sein Vater war immerhin niemand anderer als der große jüdische Denker Moses Mendelssohn –, hält er bei der Rolle der Frau an den Konventionen fest. Der 15-jährigen Tochter erläutert er den Unterschied zwischen ihr und Felix: »Die Musik wird für ihn vielleicht Beruf, während sie für Dich stets nur Zierde, niemals Grundbaß Deines Seins und Tuns werden kann und soll (…) Beharre in dieser Gesinnung und diesem Betragen, sie sind weiblich, und nur das Weibliche ziert die Frauen.« Fannys Lebensweg ist vorgezeichnet. In Briefen äußert sie ihren Unmut: »Daß man übrigens seine elende Weibsnatur jeden Tag, auf jedem Schritt seines Lebens von den Herren der Schöpfung vorgerückt bekömmt, ist ein Punkt, der einen in Wuth, und somit um die Weiblichkeit bringen könnte, wenn nicht dadurch Übel ärger würde.« Sie begehrt jedoch nicht gegen die Einschränkungen auf, die er ihr so selbstverständlich auferlegt.

Während Felix Reisen unternimmt, um seine musikalische Ausbildung fortzuführen, bleibt Fanny in Berlin. Sie komponiert, hauptsächlich Lieder, über die sie kritisch anmerkt: »Es ist nicht sowohl die Schreibart an der es fehlt, als ein gewisses Lebensprinzip, u. diesem Mangel zufolge sterben meine längern Sachen in ihrer Jugend an Altersschwäche, es fehlt mir die Kraft, die Gedanken gehörig festzuhalten, ihnen die nötige Consistenz zu geben. Daher gelingen mir am besten Lieder, wozu nur allenfalls ein hübscher Einfall ohne viel Kraft der Durchführung gehört.« Aber niemand, der sie einmal spielen gehört hat, kann ihre herausragenden Fähigkeiten verleugnen. Zelter bemerkt anerkennend: »Sie spielt wie ein Mann.« Als die Familie 1822 in Weimar zu Besuch bei Goethe ist, zeigt dieser sich entzückt von Fannys Bach-Spiel. An Felix schreibt Goethe später von »der gleichbegabten Schwester«. Als Fanny nach neuen Texten zum Vertonen sucht, verfasst er 1827 eigens ein Gedicht für sie.

Da wohnt Fanny bereits seit zwei Jahren mit ihrer Familie im Palais von der Recke an der Leipziger Straße 3. Während Felix immer mehr Zeit auswärts verbringt, geht Fanny dem »Beruf« der Ehefrau und Mutter entgegen – 1822 begegnet sie erstmals dem Maler Wilhelm Hensel in seinem Atelier, der sofort für sie entbrennt und ihr einen Heiratsantrag macht. Doch Mutter Lea ist von dem Anwärter nicht begeistert. Nicht nur ist er elf Jahre älter als Fanny und hat kein gesichertes Einkommen, er überlegt auch noch, zum Katholizismus zu konvertieren – für einen Pfarrerssohn geradezu unerhört. Um den schädlichen Einfluss auf Fanny zu beschränken, dürfen sich die Verliebten nur unter Aufsicht treffen und keine Briefe austauschen, auch als Hensel im Rahmen eines Stipendiums für fünf Jahre nach Rom geht. Als er sich 1828 in Berlin als Maler niederlässt, erhält er schon bald größere Aufträge, so dass sein Auskommen gesichert ist und Fannys Eltern milder gestimmt werden. Das 18-jährige Mädchen, das Hensel in Berlin zurücklässt, erkennt er bei seiner Rückkehr in der 23-jährigen jungen Frau kaum wieder: temperamentvoll, schnell zu begeistern und ebenso schnell zu erzürnen, ungeduldig, mit einem ausdrucksvollen Gesicht, dem man jede Regung sofort ansieht. Er ist eifersüchtig auf alles und jeden in ihrer Nähe, seien es Dichter, deren Texte sie vertont, oder Felix, mit dem sie rege korrespondiert. Fanny verzweifelt, wird wütend, entschuldigt sich bei Hensel für ihre Ausfälle und bittet um Verständnis: »Denke daran, daß Du jetzt die fernere Ausbildung meines Talents in Händen hast, daß es von Dir abhängt, ob ich nun einen größeren Wurf wagen soll.« Sie gibt ihre musikalische Zukunft in seine Hände – und er wird schließlich ihr größter Unterstützer und Förderer.

Am 3. Oktober 1829 heiraten sie. Fanny komponiert beide Präludien für die Hochzeit selbst, da Felix das versprochene Stück nicht rechtzeitig fertigstellt. Aber die Beziehung der beiden soll nicht unter der Heirat leiden, das schreibt Fanny der späteren Schwägerin Luise noch kurz vor der Hochzeit: »Ich fürchte aber nicht, ihn [Felix] deshalb jemals weniger zu lieben, weil ich Wilhelm liebe, ich kann überhaupt diese Enge des Herzens nicht begreifen, worin der Bruder oder die Freundin dem Geliebten erst Platz machen muß.« Tatsächlich reißt der intensive Briefwechsel der Geschwister nicht ab, auch wenn Fanny nun alle Hände voll zu tun hat. Das Ehepaar zieht in den Gartentrakt des elterlichen Palais ein, ein Jahr später kommt bereits der erste und einzige Sohn zur Welt, dem Fanny die Namen ihrer Lieblingskomponisten verleiht – Sebastian (Bach) Ludwig (Beethoven) Felix (wer sonst?). Weitere Kinder sind dem Paar nicht vergönnt. Fanny verbringt viel Zeit mit ihrem Sohn und unterstützt Hensel bei seiner Arbeit. Das Komponieren kommt zu kurz, sie klagt über Ideenmangel. Felix zeigt sich unverständig: »Aber im Ernst – das Kind ist noch kein halbes Jahr alt, und Du willst schon andere Ideen haben, als an Sebastian?«

Doch Fanny reicht die Rolle als Ehefrau und Mutter nicht. 1831 ruft sie die »Sonntagsmusiken« wieder ins Leben – musikalische Zusammenkünfte in der Leipziger Straße 3, die noch ihr Vater eingeführt hatte, um das Talent seiner Kinder bei Vorführungen zu schulen. Die Konzertreihe ist aufgrund von Felix' vielen Reisen nicht regelmäßig fortgeführt worden, doch nun nimmt Fanny die Leitung selbst in die Hand. Sie lädt in den Gar-

• Im Schatten des Bruders: Felix Mendelssohn als Kind beim Dirigieren, Fanny neben ihm, Holzstich um 1880

• Fanny und Wilhelm Hensel

tensaal, wo sie zeitgenössische und klassische Werke spielt und aufführt. Natürlich dürfen die Kompositionen ihres Bruders nicht fehlen – manchmal trägt sie auch eigene Stücke vor. Ihre Virtuosität spricht sich herum, die »Sonntagsmusiken« etablieren sich als musikalisches Gegenstück zu den literarischen Salons in Berlin. Alexander von Humboldt, Franz Liszt, Clemens Brentano, Clara und Robert Schumann und viele andere führende Köpfe der Zeit lassen sich von Fannys Spiel einnehmen. Stolz schreibt sie an ihre Schwester Rebecka: »Wenn ich Dir sage, daß zweiundzwanzig Equipagen auf dem Hof und Liszt und acht Prinzessinnen im Saal waren, wirst Du mir die nähere Beschreibung des Glanzes in meiner Hütte wohl erlassen.« Die Anerkennung, die sie so lange missen musste, inspiriert sie. Indes findet ihr einziger öffentlicher Soloauftritt 1838 bei einem Wohltätigkeitskonzert statt, wo sie das Klavierkonzert Nr. 1 von Felix spielt.

Felix, immer wieder Felix – ganz gleich, was Fanny in Berlin für Herausforderungen meistert, ihr Blick bleibt immer auf den jüngeren Bruder gerichtet. Sie tauschen sich über ihre jeweiligen Werke aus, kommentieren, kritisieren und verbessern die Kompositionen des anderen. Felix schätzt an seiner »liebsten Fenchel« ihren Sachverstand und ihr intuitives Gespür für die Musik. Sechs ihrer Lieder nimmt er unter seinem Namen in sein eigenes Werk auf – eines davon trägt die britische Königin Victoria bei einem Besuch von Felix selbst vor; er muss sie erst darüber aufklären, dass seine Schwester die Urheberin des Liedes ist. Dennoch setzt sich Felix nicht für eine eigenständige Veröffentlichung von Fannys Werken ein. Wie sein Vater ist er der Meinung, dass Fannys Beruf ein anderer ist: »Und zu einer Autorschaft hat Fanny, wie ich sie kenne, weder Lust noch Beruf – dazu ist sie zu sehr eine Frau, wie es recht ist, sorgt für ihr Haus und denkt weder ans Publikum noch an die musikalische Welt, noch sogar an die Musik, außer, wenn jener erste Beruf erfüllt ist.«

Dass das nicht stimmt, wird während der Italienreise deutlich, die Familie Hensel 1839/40 unternimmt. Die Reise ist ein langgehegter Traum Fannys. Mehr noch als die italienische Landschaft begeistert sie die freundliche Aufnahme, die sie in Rom findet. Während Hensel sich mit alten Studienkollegen trifft, verkehrt Fanny mit französischen Künstlern, darunter dem Komponisten Charles Gounod, die schnell ihr Talent beim Spielen und Komponieren erkennen – und immer neue Kostproben ihres Könnens fordern. Der ungewohnte Zuspruch inspiriert sie: »Ich schreibe auch jetzt viel; nichts spornt mich so an wie Anerkennung, wogegen mich der Tadel mutlos macht und niederdrückt.« Die Zeit in Rom gehört zu ihren schönsten Erfahrungen, es fällt ihr schwer, »die Atmosphäre von Bewunderung und Verehrung« wieder aufzugeben. Sie verarbeitet die Erlebnisse nach ihrer Rückkehr in mehreren Stücken. So entsteht auch eines ihrer berühmtesten Werke, der Zyklus »Das Jahr«, in dem sie ihre persönlichen Eindrücke von Italien festhält.

Die Erfahrungen in Rom stärken ihr Selbstbewusstsein als Komponistin. Hensel spricht ihr Mut zu, ihre Werke zu veröffentlichen. Felix schreibt sie, dass sie hoffe, der Familie keine »Schande« zu bereiten – seine Meinung ist ihr immer noch die wichtigste. Erst ein Jahr vor ihrem Tod erteilt er ihr seinen »Handwerkssegen« zur Veröffentlichung. Ihre ersten Lieder erscheinen 1846 bei Bote & Bock in Berlin. Doch sie kommt nicht mehr dazu, das Leben als Autorin zu genießen. Am 14. Mai 1847 fühlt sie ihre Hände am Flügel bei den Proben zur nächsten »Sonntagsmusik« taub werden. Sie zieht sich zurück, hört weiter den Proben zu, verliert dann aber das Bewusstsein. Kurz vor Mitternacht stirbt Fanny mit nur 42 Jahren an einem Schlaganfall. Das letzte Stück, das sie gespielt hat, war »Die erste Walpurgisnacht« von Felix. Der Bruder überlebt sie nicht mal um ein halbes Jahr – der Schlaganfall liegt in der Familie. Vor seinem Tod bereut er in einem Brief an Hensel, nicht mehr für Fanny getan zu haben. Doch sie war nicht auf seine Hilfe angewiesen. Sie musizierte, komponierte und dirigierte trotz aller Einschränkungen der Zeit, trotz eigener Zweifel. Ihr über 400 Stücke umfassendes Werk wird heute neu entdeckt. Ihren »ersten Beruf« erfüllte sie ganz nach den Vorstellungen ihrer Zeit – doch in der Musik fand sie ihre Berufung.

Hedwig Dohm

Wenn der Briefträger 1872 beim Haus der Dohms vorbeischaut, hat er Drohungen und Beschimpfungen im Gepäck. Die bitterbösen Briefe liegen schwer in der Hand der Adressatin, doch Hedwig Dohm geht entschlossen wieder zurück an den Schreibtisch und setzt ihre eigenen Worte gegen die öffentliche Empörung, die sich in Berlin über ihr zusammenbraut. Mit gezielten Federstrichen zerreißt sie die Argumente ihrer Gegner, entlarvt durch ihre Ironie fadenscheinige Ausreden und eingespielte Mechanismen der Macht – und fordert immer wieder das Recht ein, gehört zu werden, mitzubestimmen. Für sich selbst und für alle Frauen. Die radikale Vordenkerin und vielseitige Schriftstellerin lässt sich vom Widerstand der »Herrenrechtler« nicht entmutigen – und erlebt 1918 noch mit, wie ihre Visionen mit der Einführung des Frauenwahlrechts in Deutschland wahr werden.

Bei ihrer Geburt am 20. September 1831 ist Hedwig dreifach stigmatisiert: Sie ist ein uneheliches Kind, jüdischer Abstammung und obendrein ein Mädchen. Die ersten beiden »Makel« versuchen ihre Eltern zu beseitigen: Wilhelmine Henriette Jülich und Gustav Adolph Gotthold Schlesinger heiraten 1838, nachdem bereits zehn gemeinsame Kinder zur Welt gekommen sind. Gustavs Vater hatte zuvor eine Eheschließung verhindert. 1851 ändert der längst konvertierte Gustav den Familiennachnamen zu Schleh, da der Nachname Schlesinger als Herkunftsbezeichnung (aus Schlesien stammend) jüdisch wirkte. Gegen die Beschränkungen ihres Geschlechts muss Hedwig jedoch allein aufbegehren. Sie widmet diesem Kampf ihr Leben.

Hedwig wächst in der Friedrichstraße 235 auf – heute mit dem Mehringplatz in der Nähe mitten in Berlin, damals noch ganz am Stadtrand. Der Vater arbeitet als Tabakfabrikant. Sie ist die älteste Tochter der Familie, mit 17 Geschwistern kann sie jedoch auf kein großes Interesse der Eltern zählen. Von klein auf zieht sie sich gern in Bücherwelten zurück. Die Schule ist für sie jedoch eine »Stätte des Leidens und der Langeweile«, der oberflächliche Unterricht in Lesen, Rechnen und Bibelkunde befriedigt ihren Wissensdurst nicht – mehr Bildung ist für bürgerliche Mädchen ihrer Zeit nicht vorgesehen. Mit 15 Jahren wird sie von der Schule genommen und muss ihre Mutter fortan im Haushalt unterstützen. Jahrelang bleibt sie in dieser familiären Isolation gefangen, frönt heimlich weiter ihrer Leseleidenschaft und fragt sich später: »Warum durfte ich nichts lernen?«

Erst 1851 kann sie ihre Eltern dazu überreden, sie ein Lehrerinnenseminar besuchen zu lassen, ei-

• Hedwig, hier als junge Frau, bekam fünf Kinder. Ihre Tochter, die ebenfalls Hedwig hieß, war die Mutter von Katia Mann, der Ehefrau Thomas Manns.

»Die Menschenrechte haben kein Geschlecht.«

ner der wenigen akzeptierten beruflichen Wege für eine Frau. Doch geistige Förderung sieht anders aus – auch in dieser einjährigen Ausbildung wird den Frauen kaum etwas zugetraut, Hedwig fühlt sich unterfordert. Nach dem Abschluss kommt es jedoch nie dazu, dass sie tatsächlich an einer Mädchenschule unterrichtet. Für eine Reise nach Spanien, wo der älteste Sohn der Familie arbeitet, lernt Hedwig bei dem Privatlehrer Ernst Dohm Spanisch. Der studierte evangelische Theologe und Redakteur der Satirezeitschrift »Kladderadatsch« erregt Hedwigs Aufmerksamkeit, obwohl er zwölf Jahre älter ist. Sie heiraten am 21. März 1853. Endlich kann Hedwig das Familienhaus verlassen, das ihr zum Gefängnis geworden ist.

Das Ehepaar zieht zunächst in die Marienstraße, muss jedoch mehrmals das Quartier wechseln, da der Nachwuchs mehr Platz beansprucht. Fünf Kinder bringt Hedwig zur Welt, bis auf das älteste alles Mädchen. Eigentlich hätte sie als Ehefrau und Mutter genug zu tun, doch Hedwig ist jung und schön und genießt ihre Freiheit – im Vergleich zum isolierten Dasein bei ihren Eltern. Mit Dohm hat sie einen Mann an ihrer Seite, der durch seine Redakteurstätigkeit das kulturelle und intellektuelle Leben Berlins in- und auswendig kennt und seine Ehefrau gern darin einführt. Durch ihn lernt sie Persönlichkeiten wie Alexander von Humboldt, Ferdinand Lassalle und das Verlegerehepaar Franz und Lina Duncker kennen. In diesem illustren Kreis machen sie Ausflüge, treffen sich zu Soirees und Teegesellschaften, tauschen Neuigkeiten aus. Zwischen Flirt und Debatte blüht Hedwig auf und ist mit ihrer ironischen und direkten Art bald unersetzlich. In den 1860er-Jahren entwickeln sich die regelmäßigen Treffen zu einem Salon, der montags bei den Dohms stattfindet, die nun in der Potsdamer Straße wohnen. Die intellektuelle Elite Berlins ist zu Besuch, angezogen von der schlichten Gestaltung der Zusammenkünfte und den prominenten Gästen. Hedwig profitiert von der anregenden Gesellschaft: Sie lernt Sprachen und bildet sich weiter, beschäftigt sich verstärkt mit Politik und festigt eigene Meinungen. Angesteckt vom künstlerischen Tatendrang ihres Mannes, veröffentlicht sie Märchen – ihre ersten Werke.

1866 stirbt der einzige Sohn der Dohms an Scharlach. Hedwig vergräbt sich in Arbeit – durch die Vermittlung ihres Ehemanns hat sie den Auftrag zu einer wissenschaftlichen Abhandlung über die Entwicklung der spanischen Literatur erhalten. Ohne größere Vorkenntnisse arbeitet sie sich selbst in das Thema ein und veröffentlicht das umfangreiche Werk von 600 Seiten 1867 – wohlweislich unter dem geschlechtsneutralen Kürzel H. Dohm. Die monumentale Leistung löst jedoch nicht die Geldprobleme im Hause Dohm. Das Redakteursgehalt des Ehemanns reicht kaum aus, um den Haushalt zu bestreiten, noch dazu muss die Schulbildung der Töchter finanziert werden, auf deren Exzellenz Hedwig großen Wert legt. 1869 muss Dohm vor einer drohenden Schuldhaft nach Weimar fliehen. Die Kinder kommen in eine Pension und zu den Großeltern. Hedwig bleibt nicht bei ihnen – sie geht für Monate zu ihrer Schwester nach Rom. Die Ewige Stadt wird für sie zur Offenbarung. Später verarbeitet sie ihre Erfahrungen dort unter anderem im Roman »Schicksale einer Seele« (1899), der viele autobiografische Züge trägt.

Doch ihre Karriere als Schriftstellerin und Publizistin nimmt erst nach der Rückkehr aus Rom ihren Lauf. 1870 freut sich die Familie Dohm über die Wiedervereinigung in Berlin – Freunde haben die drückenden Schulden beglichen, Dohm wird zum Teilhaber an »Kladderadatsch« und erhält ein höheres Gehalt. Das Überleben der Familie ist gesichert. Nun richtet Hedwig ihren Blick auf die Welt jenseits der eigenen vier Wände – und greift zur Feder. 1872 erscheint ihr feministischer Essay »Was die Pastoren von den Frauen denken«, in dem sie die Thesen von prominenten Theologen kritisiert, Bildung schade den Frauen und erniedrige ihre Natur: »Wirkt das Erlernen der vier einfachen Spezies günstig auf die Frauennatur, und beginnt die Erniedrigung etwa bei den Brüchen? Oder beim Schreiben? Ist das Erlernen der Buchstaben zu billigen, das orthographisch richtige Schreiben aber vom Übel?« Analytisch und scharfzüngig zerlegt Hedwig die Thesen, die in der Gesellschaft als Selbstverständlichkeit gelten, und stellt mit ihrer typischen Ironie deren fehlerhafte Logik bloß. Weitere Veröffentlichungen folgen in den nächsten Jahren, in denen Hedwig radikal gegen die Vorstellung einer angeborenen Natur der Frau argumentiert und die Gleichberechtigung der Geschlechter fordert. Wenn Menschenrechte nur für Männer gelten, müssten sie »Herrenrechte« heißen, so Hedwig. Die Situation der Frauen ohne Stimmrecht ist für sie eindeutig: »Sie sind also den Gesetzen unterworfen, die Andere gemacht. Das nennt man in allen Sprachen der Welt Thyrannei, einfache, absolute Thyrannei (...) Die Frau besitzt wie der Sklave Alles, was man ihr aus Güte bewilligt.«

Ihre polemischen, sprachlich brillanten Ausführungen, in denen sie keine Rücksicht auf prominente – männliche – Experten nimmt, erregen Aufmerksamkeit weit über Berlin hinaus. Von den »Herrenrechtlern« wird sie angegriffen und beschimpft, Autorin und Verlag bekommen anonyme Drohbriefe »von einer (...) brutalen Rohheit«. Aber auch die deutsche Frauenbewegung distanziert sich von ihr. Hedwigs Forderungen sind zu radikal, zu umfassend. Die Frauenbewegung dieser Zeit beschränkt sich auf Verbesserungen im Alltag, die im Rahmen des Möglichen liegen, sie kritisiert nicht den sozialen Rahmen, in dem sich Frauen bewegen müssen. Hedwig kommentiert trocken: »Nie sah die Welt eine ehrbarere, bescheidenere Bewegung als diese deutsche Frauenbewegung.« Sie finden nicht zueinander. Aber Hedwig macht auch als Einzelkämpferin weiter, gegen alle Widerstände.

Ihr Ehemann hält sie nicht vom Schreiben ab, im Gegenteil – mit seinem eigenen Schaffen inspiriert er Hedwig dazu, andere Genres auszuprobieren. So versucht sie sich an Lustspielen, die ab 1874 in Berlin aufgeführt und wohlwollend aufgenommen werden. Hedwigs Humor kommt beim Publikum gut an, auch wenn ihre Stücke durchaus gesellschaftskritisch sind. Sie wird auch als Herausgeberin und Literaturkritikerin tätig. Ihr Schaffensdrang scheint unermüdlich.

• Bis ins hohe Alter hinein bleibt Hedwig Dohm schriftstellerisch tätig.

Doch Ende der 1870er-Jahre wird es still um die provozierende Autorin. Ihr Mann erkrankt und benötigt viel Pflege. Außerdem setzt es Hedwig zu, dass ihre Texte außer Empörung nichts zu bewirken scheinen – die deutschen Frauen lassen sich nicht so leicht dazu motivieren, gesellschaftliche Veränderungen zu fordern und durchzusetzen, wie das in anderen Ländern der Fall ist: »Ich meine aber, daß die Frauen vielleicht eine größere Schuld trifft als die Männer und zuweilen kann ich mich des Gedankens nicht erwehren, daß die deutschen Frauen in Bezug auf ihre Intelligenz hinter den Frauen der anderen

Kulturländer zurückstehen. Ich bin längst resignirt.« Diese Resignation wird durch den Tod des Ehemanns 1883 bestärkt. Hedwig ist 52 Jahre alt und hat ihre gesellschaftlichen Aufgaben als Ehefrau und Mutter erfüllt. Was hat sie noch für eine Daseinsberechtigung?

Mit dieser Frage setzt sie sich in ihrer letzten Schaffensperiode auseinander. Nach einer weiteren Italienreise mit zweien ihrer Töchter reflektiert sie in ihren Texten das Alter, seine Beschränkungen und Möglichkeiten: »Untätigkeit ist der Schlaftrunk, den man dir, alte Frau, reicht. Trink ihn nicht! Sei etwas! Schaffen ist Freude. Und Freude ist fast Jugend.« Diese Jugend bewahrt sie sich. Sie probiert weitere Genres aus, trifft sich montags weiterhin mit Freunden und diskutiert über aktuelle Themen, rezensiert Neuerscheinungen und baut ihr Netzwerk weiter aus.

Auch zur Frauenbewegung knüpft sie neue Bande. Seit den späten 1880er-Jahren ist diese radikaler geworden, jetzt findet sich auch Hedwig mit ihren Forderungen darin wieder. Bei der Gründung verschiedener Vereine für das Stimmrecht der Frau wirkt sie mit. Mit diesem erstarkten Interesse an der Frauenfrage im Rücken gibt Hedwig 1893 ihre feministischen Essays neu heraus. 1896 erscheint mit »Sibilla Dalmar« der erste Roman einer Trilogie, in der sie Vertreterinnen von drei Frauengenerationen im 19. Jahrhundert auf ihrem Lebensweg folgt. »Sibilla Dalmar« ist so erfolgreich, dass nach nur einem Jahr die zweite Auflage gedruckt werden kann. Von ihrem Privatleben gibt Hedwig wenig preis. Ab 1897 wohnt sie in einer Wohnung im Dachgeschoss bei ihrer Tochter Else in der Tiergartenstraße, ein eigener Fahrstuhl erlaubt ihr freies Kommen

• Demonstration für das Frauenwahlrecht, 1912

und Gehen – die Isolation ihrer Kindheit will sie nicht noch einmal erleben.

Anfang des 20. Jahrhunderts ist Hedwig so bekannt und präsent in der Öffentlichkeit, dass sie sich aussuchen kann, wo sie publiziert. In ihren Polemiken macht sie die »Antifeministen« lächerlich, zu denen zu ihrem Bedauern auch der von ihr ansonsten hochgeschätzte Nietzsche gehört. Deren Begriff »Frauenrechtlerin« lehnt sie für sich ab – Hedwig bezeichnet sich lieber als »Radicale«, denn an Radikalität haben ihre Forderungen nichts verloren. Immer noch bildet sie sich fort und besucht Kurse an der Universität, nichts liegt ihr ferner als Untätigkeit. Doch der Ausbruch des Ersten Weltkriegs 1914 bringt ihr Weltbild ins Wanken. Trotz der allgemeinen Kriegsbegeisterung setzt sie sich von Anfang an für den Frieden ein und manövriert sich dadurch ins Abseits. Der Optimismus, mit dem Hedwig zuvor an ihrem Ideal einer besseren Zukunft festgehalten hat, schwindet. Auch körperlich nimmt sie die Kriegszeit sehr mit. Zwar wird sie noch Zeugin der Ausrufung der Weimarer Republik, dennoch blickt sie eher pessimistisch auf die Welt, die sich so leicht zu einem Weltkrieg hat hinreißen lassen. Im Alter von 88 Jahren stirbt sie am 1. Juni 1919 im Kreis ihrer Familie. Die Erfüllung ihrer Forderungen hat sie noch miterlebt: Nachdem am 30. November 1918 die gesetzliche Grundlage geschaffen worden war, durften bei den Wahlen zur Nationalversammlung am 19. Januar 1919 Frauen in Deutschland erstmals bei einer reichsweiten Wahl ihre Stimme abgeben. Der Kampf dafür hat die Berlinerin Hedwig Dohm viel Tinte und Nerven gekostet. Mit ihren mutigen, scharf geschliffenen Worten bahnte sie Frauen den Weg in eine gerechtere Zukunft.

Franziska Tiburtius

Ein einfaches Schild an der Tür in der Alten Schönhauser Straße kündigt an: Dr. med. der Universität Zürich Franziska Tiburtius. Die Plakette hat Franziska selbst angebracht, das Reichskanzleramt wies die junge Frau mit dem medizinischen Abschluss aus der Schweiz ab – ein weiblicher Arzt, wozu soll das gut sein? »Arzt« darf sie sich nicht nennen, »Ärztin« schon gar nicht, doch ihren Patientinnen ist das gleichgültig. Für zehn Pfennig können sich hier Arbeiterfrauen behandeln lassen – wer gar kein Geld erübrigen kann, muss auch nichts bezahlen. Mitfühlend, pragmatisch, auf dem neuesten Stand der Forschung, macht sich die erste praktizierende Ärztin Berlins schnell einen Namen – auch unter den misstrauischen Kollegen, die sie als Kurpfuscherin verklagen. Doch mit Geduld und Können behauptet Franziska ihren Platz in der Medizin.

Als Kind schämt sich Franziska für ihren »langen, kuriosen Namen« – auf Rügen, wo sie am 24. Januar 1843 zur Welt kommt, fällt eine Tiburtius tatsächlich aus der Reihe, doch das gereicht dem mit Vorliebe Plattdeutsch sprechenden Mädchen nicht zum Nachteil. Als Jüngste von neun Geschwistern wird sie großmütig geduldet, solange sie Botengänge verrichtet und nicht petzt. Das väterliche Gut Bisdamitz ist der perfekte Spielplatz für die große Kinderschar. »Hase«, wie Franziska aufgrund ihrer flinken Beine gerufen wird, hat aber nicht nur eine besondere Begabung dafür, beim Klettern alle Kleider zu zerreißen, sondern auch fürs Melken und andere praktische Aufgaben auf dem Gut. Dank ihres Vaters, dem die Bildung seiner Kinder am Herzen liegt, lernt sie außerdem mit fünf Jahren Lesen und wird »eine gräuliche Leseratte«.

Wenige Jahre nach dem Tod des ältesten Bruders gibt die Familie das Gut auf und zieht 1851 nach Stralsund. Dort besucht Franziska die beste Privatschule der Stadt, die in der ersten Zeit jedoch keinen guten Eindruck auf sie macht. In ihrer Freizeit liest Franziska mit Vorliebe Schillers Dramen und historische Bücher, lernt aber auch begeistert Englisch bei einer Privatlehrerin. Mit 16 Jahren verlässt sie die Schule und unterstützt ihre Mutter im Haushalt, strebt innerlich jedoch schon fort: »Ich war wie ein Schiff, das zur Abfahrt bereit im Hafen liegt und auf den Windstoß wartet, der es hinaus und in die Welt führt!« Um Geld zu verdienen, nimmt sie 1860 eine gut bezahlte Stelle als Gouvernante beim Baron Fritz von Lyngen in Werbelow an. Auf einer Reise mit den Kindern ist sie das erste Mal in Berlin: »Schon das Gefühl Unter den Linden zu

• Selbstbewusst blickt die Berliner Ärztin Franziska Tiburtius in die Kamera.

gehen, Schloß und Museen mit leiblichen Augen zu sehen, machte das Herz hochschlagen und erhöhte das Persönlichkeitsgefühl.«

Nachdem ihre Aufgabe 1866 beendet ist, arbeitet Franziska noch ein Jahr in einem anderen Haushalt als Erzieherin, plant jedoch schon ihre weitere Zukunft: Der einzige annehmbare Beruf für eine anständige Frau in dieser Zeit ist das Unterrichten an einer Mädchenschule. Franziska absolviert also in Stralsund das Lehrerinnenexamen. Da sie am liebsten eine eigene Schule leiten will, beschließt sie, nach England zu gehen, um ihre Fremdsprachenkenntnisse zu verbessern. Ihr Bruder Karl versucht sie davon abzuhalten – er, selbst Arzt, sieht in ihr die Anlagen zu seinem Beruf und will sie zum Medizinstudium bewegen. Für Franziska noch ein unmöglicher Gedanke: »Ein junges Mädchen (…) auf einer Universität und Medizin studierend – undenkbar!« Karl bleibt hartnäckig. Während Franziska in London junge Mädchen unterrichtet und besorgt die Meldungen über den Krieg gegen Frankreich verfolgt, redet ihr Bruder in Briefen weiter auf sie ein. Versuchsweise nimmt Franziska mathematische Studien auf, ein Gebiet, auf dem Frauen als ebenso ungeeignet gelten wie in der Medizin. Mit Karls Unterstützung entscheidet sie sich endlich, »das Steuer meines Lebensschiffes umzulegen«.

In Deutschland können Frauen nicht studieren, daher fällt Franziskas Wahl auf die Schweiz – sie hofft, dass sie mit einem Züricher Abschluss auch zum deutschen Staatsexamen zugelassen wird. Noch hält sie ihre Pläne jedoch geheim, um jederzeit in ihren alten Beruf zurückkehren zu können: »Welche Eltern hätten wohl einem ›emanzipierten Frauenzimmer‹, das im Präpariersaal und in medizinischen Vorlesungen gewesen, ihre Töchter anvertraut!« Im Herbst 1871 nimmt sie ihr Studium auf. Mit ihr schreibt sich noch eine weitere junge Frau für Medizin ein – Emilie Lehmus, mit der Franziska ihr Leben lang befreundet bleiben wird. In Zürich hört Franziska schon bei der Wohnungssuche oft die Worte »Nur an Herren«, beschließt jedoch, sich nicht über die Ungerechtigkeit zu empören, sondern ihr Studium geduldig und unauffällig hinter sich zu bringen: »Wir waren nur Gäste, die dankbar und froh sein mußten, geduldet zu sein, und von denen man mit Recht erwarten durfte, daß sie ihre Stellung begriffen und alles vermieden, was Aufsehen erregen und ruhestörend wirken konnte.« Das sehen besonders die zahlreichen russischen Studentinnen in Zürich anders, die mit ihrem provozierenden Auftreten – kurze Haare, enge Kleider, die Zigarette im Mundwinkel – auch Franziska die Akzeptanz durch die männlichen Studienkollegen erschweren. Die ersten Veranstaltungen sind nicht leicht zu ertragen: »Es war unter den Studenten bekannt geworden, daß die Frauenzimmer (…) zum erstenmal kommen würden. Als wir eintraten, war der Saal dicht gefüllt, auch von den andern Fakultäten zahlreiche Mitläufer, und es erhob sich ein wüster Lärm, Schreien, Johlen, Pfeifen usw.; da hieß es ruhiges Blut behalten.« Auch viele Professoren nehmen die Studentinnen nicht ernst, sprechen nur »meine Herren« an oder vergraulen die Frauen gezielt. Frauen seien aufgrund einer niedrigeren Hirnmasse nicht fürs Studium geeignet, so eine populäre Theorie. Franziska beweist das Gegenteil: 1876 beendet sie ihr Studium mit hervorragendem Examen und geht zuerst nach Dresden, bevor sie 1877 Emilie nach Berlin folgt.

In Berlin wohnen ihr Bruder Karl und dessen Ehefrau Henriette, die als erste deutsche Zahnärztin bereits gute Vorarbeit für Franziska und Emilie geleistet hat. Franziska zieht zu ihnen in die Friedrichstraße/Ecke Schützenstraße, wo sie auch ihre Praxis eröffnen will. Allerdings geht ihr Plan nicht auf: Auch mit dem Züricher Abschluss darf sie nicht das deutsche Staatsexamen ablegen, selbst das Reichskanzleramt weist sie ab. Sie darf zwar eine Privatpraxis betreiben, sich allerdings nicht Arzt nennen – damit steht sie auf derselben Stufe wie Heilpraktiker und Kurpfuscher. Davon lässt sich Franziska jedoch nicht entmutigen. Kurzerhand bringt sie das Schild mit »Dr. med.« vor ihrem Namen an der Wohnungstür an und wartet »mit gutem Humor und fröhlichem Gesicht« auf Patienten.

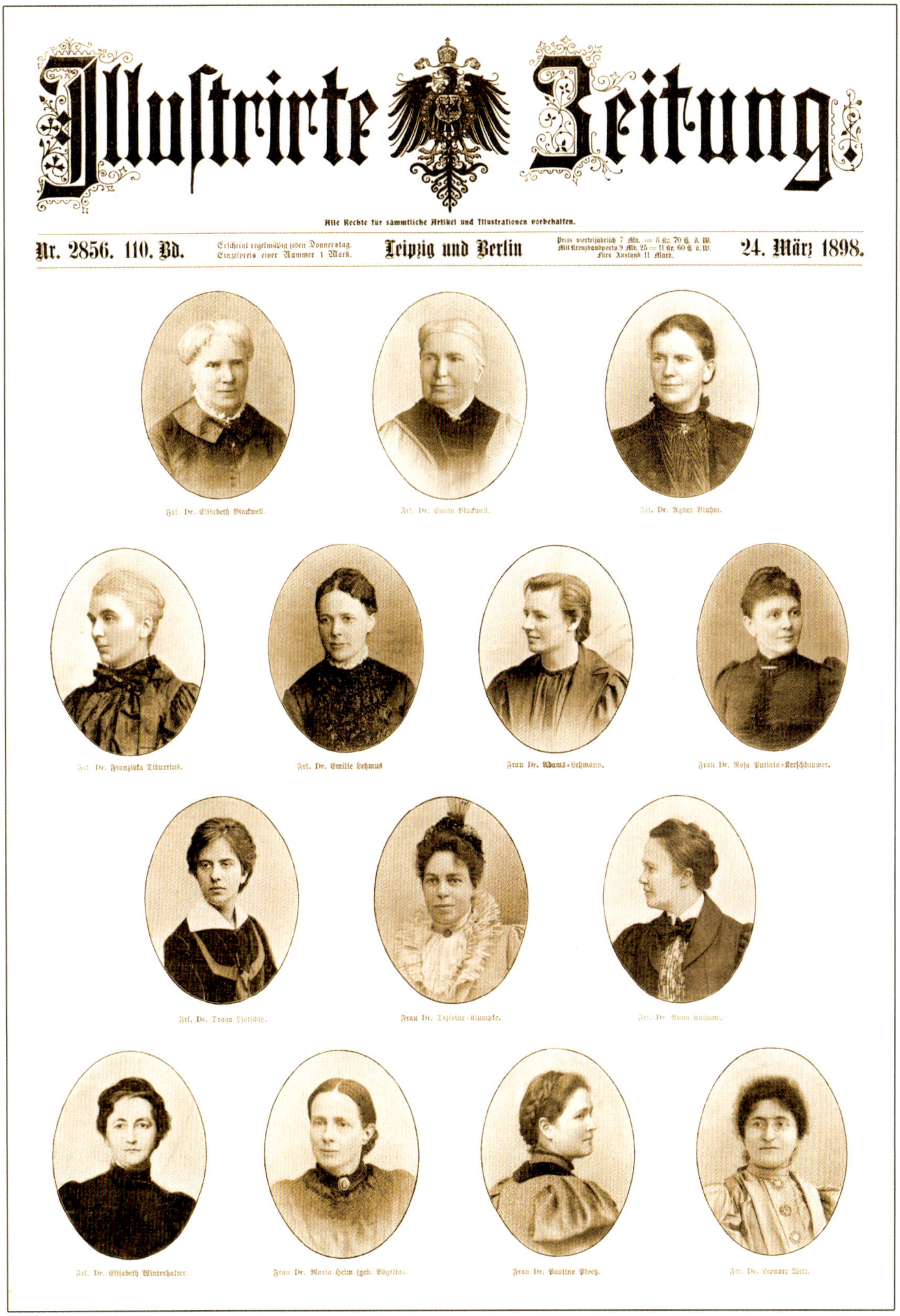

Illustrirte Zeitung

Alle Rechte für sämmtliche Artikel und Illustrationen vorbehalten.

Nr. 2856. 110. Bd. — Erscheint regelmäßig jeden Donnerstag. Einzelpreis einer Nummer 1 Mark. — Leipzig und Berlin — Preis vierteljährlich 7 Mk. = 8 Kr. 70 H. ö. W. Mit Kreuzbandporto 9 Mk. 25 = 11 Kr. 60 H. ö. W. Fürs Ausland 11 Mark. — 24. März 1898.

Frl. Dr. Elisabeth Blackwell. — Frl. Dr. Emily Blackwell. — Frl. Dr. Agnes Bluhm.

Frl. Dr. Franziska Tiburtius. — Frl. Dr. Emilie Lehmus — Frau Dr. Adams-Lehmann. — Frau Dr. Rosa Putiata-Kerschbaumer.

Frl. Dr. Draga Ljotschiy. — Frau Dr. Dejérine-Klumpke. — Frl. Dr. Anna Kuhnow.

Frl. Dr. Elisabeth Winterhalter. — Frau Dr. Maria Heim (geb. Vögtlin). — Frau Dr. Pauline Ploetz. — Frl. Dr. Leonore Welt.

Prakticirende Aerztinnen der Gegenwart

• Ende des 19. Jahrhunderts gibt es nur eine Handvoll Ärztinnen. In der zweiten Reihe ganz links Franziska Tiburtius, daneben Emilie Lehmus.

• Kurze Haare, Zigarette im Mundwinkel, verkniffenes Aussehen: Diese Karikatur von 1905 zeigt, mit welchen Stereotypen Studentinnen zu kämpfen hatten.

Viel Arbeit gibt es in der Anfangszeit nicht, also eröffnen Franziska und Emilie in der Alten Schönhauser Straße 23 eine »Poliklinik weiblicher Ärzte«, die sich auf die Behandlung von mittellosen Frauen spezialisiert. Für eine Konsultation verlangen die beiden bloß zehn Pfennig, jede Frau, die kein Geld hat, wird umsonst behandelt. Zur ersten Sprechstunde stehen gleich zwölf Patientinnen vor der Tür. Die Anzahl wächst mit jedem Tag, bis die beiden Ärztinnen sie auf 40 Frauen begrenzen müssen – auch so arbeiten sie meistens bis spät in die Nacht hinein. Franziska nimmt für Hausbesuche lange Wege auf sich und freut sich, »wirklich Nutzen zu schaffen«. 1881 schließt sich an die Poliklinik eine Pflegeanstalt an, später wird daraus die »Klinik weiblicher Ärzte«, die andere hochqualifizierte Ärztinnen wie die Chirurgin Agnes Bluhm – ebenfalls eine Züricher Absolventin – anzieht.

In der Öffentlichkeit wird die Arbeit der beiden Frauen skeptisch verfolgt. Das Satireblatt »Kladderadatsch« veröffentlicht eine Karikatur, in der sich zwei Ärztinnen um einen Patienten streiten, in den sich beide verliebt haben. Bei einem zufälligen Zusammentreffen mit dem Chefredakteur Ernst Dohm überzeugt ihn Franziska von ihrer Professionalität – und ihrem Humor –, so dass weitere Satiren in der Zeitschrift ausbleiben. Bei den Kollegen hat sie es nicht so einfach. Als Franziska und Emilie am Viktoria-Lyzeum einen Kurs über Gesundheitslehre halten sollen, verlässt ein prominentes Mitglied des Kuratoriums – mutmaßlich niemand anderer als der berühmte Pathologe Rudolf Virchow – aus Protest das Gremium. Auch wenn für Franziska der Arztberuf »geschlechtsneutral« ist, entkommt sie doch nicht den weiblichen Rollenerwartungen. Bei der Besprechung eines Falls, zu dem sie eine zweite Expertenmeinung einholen will, unterbricht der hinzugebetene Kollege sie ungeduldig: »Ach ja, das wissen wir ja, lassen Sie doch, es ist ein Carcinom und die Kranke hat nicht mehr lange zu leben; aber sagen Sie mal – warum haben Sie nicht geheiratet?« Franziska nimmt es gelassen: »Wir hatten erst Beweise zu liefern, bevor man uns traute, und das war berechtigt.«

Sie beweist sich. Ihr guter Ruf verbreitet sich unter den Frauen der Stadt – jetzt schicken schon gutsituierte Hausherrinnen ihre Bediensteten hin, um sich die Ärztinnen mal anzusehen, bevor die Damen selbst kommen. Die Arbeiterfrauen, die Franziska behandelt, bleiben ihr freundschaftlich verbunden und schicken ihr Geburtstagskarten. Ausländische Studenten gehen zu ihr, weil sie ausgezeichnet Englisch spricht. Auch als Hausärztin wird sie für einige Familien tätig, die sie jahrelang begleitet. Selbst die Witwe des Prinzen Friedrich Karl von Preußen lässt nach ihr schicken. Mitte der 1880er-Jahre sind Franziska und Emilie in Berlin voll etabliert, wenn auch rechtlich immer noch nicht gleichgestellt mit den männlichen Kollegen. 1900 wird Franziska anonym angezeigt – vor dem Gericht in Moabit wird ihr vorgeworfen, dass das »Dr. med.« auf ihrem Praxisschild eine deutsche Approbation suggeriert, die sie jedoch gar nicht besitzt. Die drei Mark, die der Ankläger fordert, muss sie nicht bezahlen, es wird ihr aber nahegelegt, in Zukunft für Klarheit bezüglich ihrer Qualifikation zu sorgen. Nachdem sie ihr Schild zu »Dr. med. der Universität Zürich« geändert hat, bleiben die Patientinnen nicht aus, im Gegenteil: »In der nächsten Sprechstunde wurde ich von verschiedenen Patientinnen lebhaft beglückwünscht: ›Ja, was ist denn?‹ Ich müsse doch wohl irgend etwas besonders Großes geworden sein, da auf dem Schild jetzt ein so langer Titel stehe!« Jahre später verklagt ein Universitätsprofessor alle Berliner Ärztinnen mit einem Züricher Studienabschluss – wieder ohne Erfolg.

Und es kommen immer mehr Frauen zum Praktizieren nach Berlin. Die Klinik weiblicher Ärzte erfreut sich großen Zulaufs. Franziska setzt sich

»Wer der Welt etwas Neues bringen will, muß erst beweisen, daß es etwas Richtiges ist, – daß die Welt es braucht, und daß er selbst dazu steht.«

dafür ein, dass Frauen und Mädchen die gleiche Chance erhalten wie sie selbst. Zusammen mit der Frauenrechtlerin Helene Lange gründet sie Gymnasialkurse für Mädchen, um ihnen das staatliche Abitur zu ermöglichen; in Helenes Zeitschrift »Die Frau« veröffentlicht sie zu gesundheitlichen und frauenpolitischen Themen. Immer wieder macht sie sich für das Frauenstudium stark, lehnt aber gleichzeitig die Einrichtung einer Frauenuniversität strikt ab – sie will eine vollwertige Ausbildung, die überall anerkannt wird. 1898 werden Frauen endlich zur deutschen Staatsprüfung der Medizin, Zahnmedizin und Pharmazie zugelassen. Dieser Erfolg ist vor allem der hartnäckigen Arbeit von Franziska und anderen deutschen Ärztinnen zu verdanken.

Mit 64 Jahren geht Franziska in den Ruhestand – nicht aus Ermüdung, sondern aus Angst, dass sie mit zunehmendem Alter nicht mehr gut genug für ihre Patientinnen sorgen könnte. Zur Ruhe kommt sie jedoch nicht. Nach einigen Reisen betätigt sie sich nach dem Kriegsausbruch 1914 in der Wohlfahrtspflege und schreibt eine Autobiografie. Nach wie vor setzt sie sich für Frauen ein und unterstützt die Errichtung eines Krankenhauses, das nur von Ärztinnen betrieben wird. Diese Vision wird jedoch nie verwirklicht. Ihre letzten Tage verbringt Franziska in der Klinik weiblicher Ärzte – diesmal als Patientin. Am 5. Mai 1927 stirbt sie dort im Alter von 84 Jahren, umgeben von den Frauen, denen sie den Weg in den Beruf und ein selbstbestimmtes Leben gebahnt hat. Sie blickt zurück auf »ein volles und reiches Leben, wert gelebt zu werden, das ich mit keinem andern vertauschen möchte!«

Käthe Kollwitz

Eine Gruppe ausgemergelter Arbeiter stürmt das Haus des verhassten Unternehmers – ein junger Mann fordert leidenschaftlich »Nie wieder Krieg!« – mit Armen und Beinen umfängt eine Mutter schützend ihre beiden Kinder. Solche Werke machen Käthe Kollwitz berühmt. Die »Künstlerin der Revolution« will keine Atelierkunst schaffen, sie hat immer eine Wirkung vor Augen, die sie mit ihren Zeichnungen und Plastiken erzielen will: aufrütteln, bewegen, zum Handeln auffordern. Konsequent stellt sie den Menschen und seine Lebensumstände in den Mittelpunkt ihres Schaffens. Die Straße, in der Käthe Kollwitz wohnte und arbeitete, trägt heute ihren Namen – so ehrt Berlin seine berühmteste Künstlerin, die mit ihrer Volkstümlichkeit und ihrer Wucht des Ausdrucks unvergesslich bleibt.

Käthe Kollwitz wird am 8. Juli 1867 als jüngstes Kind des Maurermeisters Carl Schmidt und seiner Ehefrau Katharina im ostpreußischen Königsberg geboren. Von ihren Geschwistern steht Käthe besonders ihre Schwester Lise zeitlebens nahe. Zusammen streifen sie durch die Stadt und beobachten das Leben der Arbeiter. Dafür hegen die Schmidt-Kinder von klein auf ein besonderes Interesse: Ihr Vater engagiert sich in der sozialdemokratischen Partei, ebenso wie der Bruder Konrad. Auch die junge Käthe träumt von »Revolution und Barrikade«. Ihr zeichnerisches Talent tritt schon früh zutage. Ihr Vater fördert sie gern: »Er hatte große Freude darüber und wollte mich ganz zur Künstlerin ausbilden. Leider war ich ein Mädchen, aber auch so wollte er alles dransetzen.« Mit 14 Jahren erhält Käthe ersten Kunstunterricht in Königsberg. 1885 wechselt sie nach Berlin und tritt in die Künstlerinnenschule ein, wo sie bei Karl Stauffer-Bern Unterricht nimmt. Er erkennt ihr Talent für die Zeichnung: »Ich wollte malen, aber er wies mich immer wieder auf die Zeichnung zurück.« Durch ihn lernt sie auch die Radierungen des zehn Jahre älteren Max Klinger kennen, die sie nachhaltig beeindrucken.

Als sich die 17-jährige Käthe mit dem Medizinstudenten Karl Kollwitz verlobt, einem Freund ihres Bruders Konrad und ebenfalls Sozialdemokrat, sind ihre Kommilitoninnen entsetzt – kann eine Frau zugleich Ehefrau und Künstlerin sein? Käthe kann es. Sie setzt ihre künstlerische Ausbildung in Königsberg und in München fort und genießt bis zur Hochzeit noch das ungebundene Künstlerleben unter ihresgleichen. In München fertigt sie eine Illustration zu Émile Zolas Roman »Germinal« an und macht damit erstmals auf sich aufmerksam:

• Käthe Kollwitz um 1905

»Ich bin einverstanden damit, daß meine Kunst Zwecke hat. Ich will wirken in dieser Zeit, in der die Menschen so ratlos und hilfsbedürftig sind.«

»Zum ersten Mal fühlte ich mich bestätigt auf meinem Wege, große Perspektiven öffneten sich meiner Phantasie und die Nacht war schlaflos vor Glückserwartung.« 1890 eröffnet sie ein eigenes Atelier in Königsberg und betreibt im Arbeitermilieu Studien für weitere »Germinal«-Illustrationen. Im Jahr darauf heiratet sie endlich und zieht zusammen mit ihrem Ehemann in die Weißenburger Straße 25 am Prenzlauer Berg (heute Kollwitzstraße). Kollwitz eröffnet hier seine Praxis, Käthe richtet sich ein Atelier ein. Sie bringt zwei Söhne zur Welt, kann durch die Beschäftigung einer Hausangestellten jedoch weiterarbeiten.

Die Beziehung zu Karl Kollwitz ist weniger von Sinnlichkeit als von Vertrauen geprägt. Verliebtheit ist für Käthe »ein chronischer Zustand«, immer wieder schwärmt sie für Männer wie für Frauen. Die Ehe betrachtet sie daher als eine »gesunde Einkapselung des Geschlechtstriebs«, die eine gute Basis für konzentriertes Arbeiten schafft: »Das stille arbeitsame Leben, das wir nun führten, war meiner Fortentwicklung sicher gut.« Über ihren Ehemann, der als Armenarzt arbeitet, bekommt sie tiefe Einblicke in das Leben der Arbeiter. Als Käthe 1893 auf der Berliner »Freien Bühne« die Uraufführung von Gerhart Hauptmanns revolutionärem Drama »Die Weber« sieht, wühlt es sie tief auf. Hauptmanns Stück verändert ihre Arbeit: Sie bricht die »Germinal«-Folge ab und beginnt mit ihrem Bilderzyklus »Der Weberaufstand« – sechs Radierungen, die den Verlauf der Revolte zeigen, mit dem die schlesischen Weber 1844 bessere Lebensbedingungen erkämpften, angefangen von der »Not« (so der Titel des ersten Bildes im Zyklus) der Arbeiter bis hin zum tödlichen »Ende« (das letzte Bild) der Aufständischen. Vier Jahre lang arbeitet sie an der Bilderfolge. 1898 wird »Der Weberaufstand« bei der Großen Berliner Kunstausstellung gezeigt und erregt großes Aufsehen. Auf einmal ist die junge Künstlerin in aller Munde. Der berühmte und vom Kaiser geschätzte Maler Adolph von Menzel schlägt sie sogar für die Kleine Goldene Medaille der Ausstellung vor, doch Wilhelm II. lehnt ab – für den Kaiser sind Käthes Arbeiten »Rinnsteinkunst«. Gerade diese Volkstümlichkeit begeistert jedoch die Menschen. Käthe wird an der Künstlerinnenschule, an der sie selbst einst Schülerin war, als Lehrerin für Grafik und Zeichnen angestellt.

In den nächsten Jahren avanciert Käthe rasch zur berühmtesten Künstlerin des Kaiserreichs. Es ist die Zeit der Klassenkämpfe, die Sozialdemokraten erhalten immer mehr Zulauf, der Ruf nach Revolution wird lauter. Käthe lässt sich von der kämpferischen Stimmung mitreißen. 1906 zeichnet sie ein Plakat für die Ausstellung »Deutsche Heimarbeit«, das eine ausgemergelte Arbeiterin zeigt – die Kaiserin weigert sich, die Ausstellung zu besuchen, solange dieses Plakat zu sehen ist. Es wird an allen Litfaßsäulen überklebt. Bis 1908 stellt Käthe den Zyklus »Bauernkrieg« fertig, der ihren Ruf als revolutionäre Künstlerin festigt. Sie zeichnet auch für die Satire-Zeitschrift »Simplicissimus«. Um ihre Kunst weiterzuentwickeln, reist sie nach Paris und nach Italien. In Paris lernt sie den hochverehrten Bildhauer Auguste Rodin kennen. Beeinflusst von ihm, beginnt sie ab 1910 selbst plastisch zu arbeiten.

Der Erste Weltkrieg bereitet dieser glücklichen Zeit ein Ende. Käthes ältester Sohn Peter meldet sich als Freiwilliger, und sie setzt gegen den Willen ihres Ehemanns durch, dass er in den Krieg ziehen darf. Wenige Monate später stirbt er in Flandern. Sein Tod wird zu einer Zäsur in Käthes Leben und ihrem Schaffen: »Von da an datiert für mich das Altsein.« Um mit dem Verlust fertigzuwerden, stürzt sich Käthe in die Arbeit. Sie will Peter ein Denkmal errichten, doch die Arbeit zieht sich hin: »Ich suche ihn. Als ob ich ihn in der Arbeit finden müßte. (…) Aber zugleich das Empfinden: ich kann es nicht mehr. Ich bin zerstört, zerweint, geschwächt.« Ihre kämpferische Begeisterung ist fort.

Als der Schriftsteller Richard Dehmel im Oktober 1918 einen Aufruf in den Zeitungen veröffentlicht, in dem er junge Männer zum Freiwilligendienst an der Front auffordert, tritt ihm Käthe mit einer scharfen Replik entgegen: »Es ist genug gestorben! Keiner darf mehr fallen!« Auch dem politischen Umsturz, den die Kommunistische Partei nach Kriegsende anstrebt, steht Käthe nunmehr ablehnend gegenüber. Sie will keine Zerstörung mehr, keine Opfer, ihr ist es wichtiger, »aus dem Chaos herauszukommen«. Zwar zeichnet sie nach der Ermordung von Karl Liebknecht den Revolutionär auf seinem Totenbett, in ihrem Tagebuch beharrt sie jedoch auf der Unabhängigkeit der Kunst von politischen Stellungnahmen: »Ich hab als Künstler das Recht, aus allem den Gefühlsgehalt herauszuziehn, auf mich wirken zu lassen und nach außen zu stellen.« Sie sieht sich nicht als Künstlerin der Revolution, kann sich jedoch nicht aus dieser Rolle lösen, die ihr so hartnäckig zugeschrieben wird.

1919 wird Käthe zum ersten weiblichen Mitglied der Preußischen Akademie der Künste ernannt, als erste Frau wird sie dort Professor. Nachdem sie sich vom revolutionären Kampf entfremdet hat, richtet sie ihre künstlerische Arbeit vorwiegend auf humanitäre Zwecke aus. Sie fertigt viele Plakate an, darunter »Helft Rußland!« im Auftrag der »Internationalen Arbeiter Hilfe« und »lauter solcher Arbeiten, die eine Wirkung in sich schließen«. Aus ihrem Schmerz schöpft sie neue Motivation und Produktivität: »Kraft: das ist, das Leben so fassen, wie es ist, und ungebrochen durch es – ohne Klagen und viel Weinen – mit Stärke seine Arbeit tun.« Bis 1924 stellt sie ihre erste Holzschnittfolge unter dem Titel »Krieg« fertig – sie entscheidet sich bei diesen sieben Bildern gegen die Lithografie, um eine sentimentale Wirkung zu vermeiden. Auch wenn

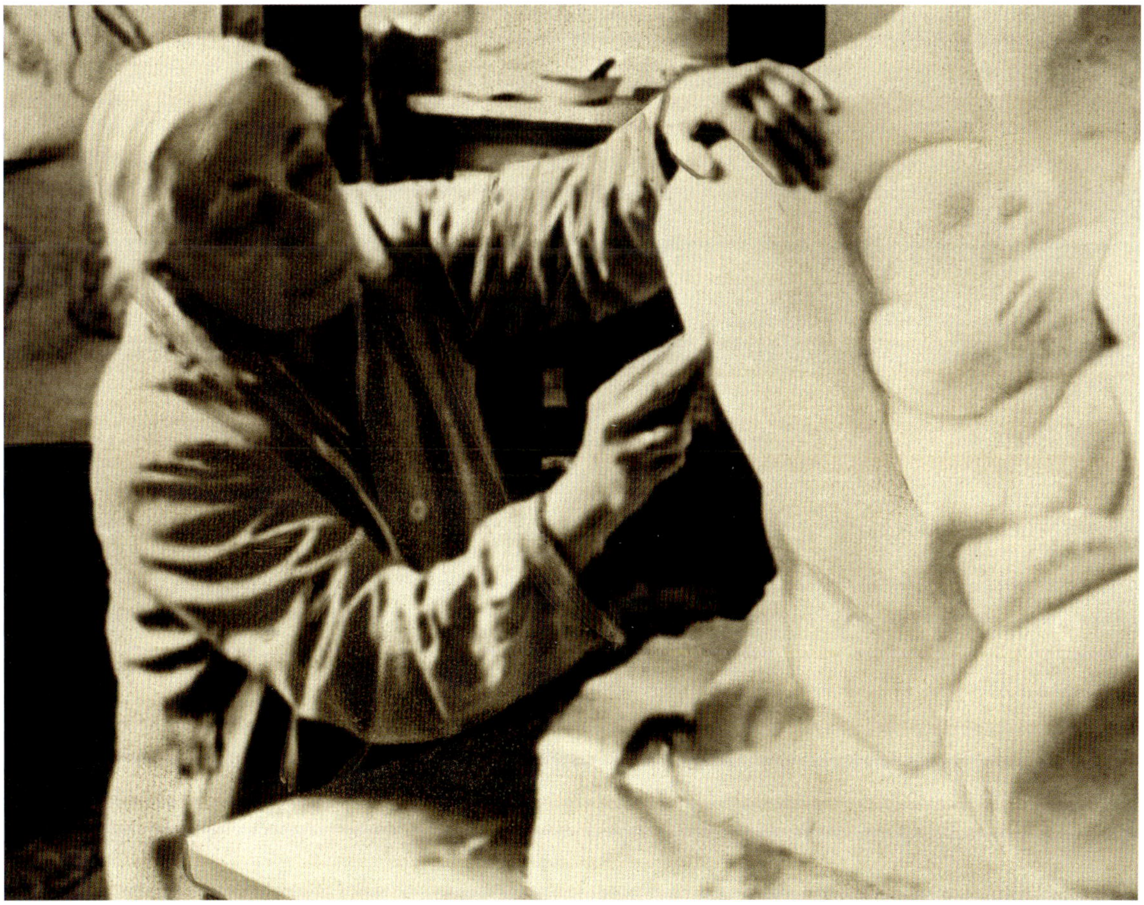

• Die Künstlerin in ihrem Atelier, um 1932

der Holzschnitt die bevorzugte Technik der Expressionisten ist, ist Käthe diese neue Kunstrichtung »zum allergrößten Teil fremd und unverständlich«. Immer noch ringt sie mit der Plastik, während sich aus dem Denkmal für Peter allmählich ein Gefallenendenkmal entwickelt.

Zu ihrem 60. Geburtstag wird Käthe mit ihrem Ehemann in die Sowjetunion eingeladen, wo in Moskau eine große Ausstellung mit ihren Werken gezeigt wird. Ein Jahr später, 1928, übernimmt sie ein Meisteratelier für Grafik an der Akademie der Künste in Berlin und ist als Beamtin mit Lehrverpflichtung endlich finanziell abgesichert. Das Gefallenendenkmal vollendet sie 1931. Es besteht aus zwei knienden Figuren, einer Frau und einem Mann, die in offensichtlicher Trauer gefangen sind – nachdem Käthe zunächst ihre Schwester Lise darum gebeten hatte, für das Gesicht der Mutter Modell zu sitzen, hat sie schließlich doch ihren eigenen Kopf als Vorbild genommen. Das trauernde Elternpaar wird auf dem Soldatenfriedhof Roggevelde in Belgien aufgestellt. Damit hat Käthe endlich die sich selbst auferlegte Aufgabe vollendet – gerade noch rechtzeitig, denn die Machtergreifung der Nationalsozialisten steht kurz bevor.

• Nach dem Ersten Weltkrieg war die soziale Not in Berlin mit Händen zu greifen: In der Klosterstraße in Mitte werben Kinder 1920 für die »Deutsche Kinderhilfe«.

Als Hitler 1933 als Reichskanzler vereidigt wird, unterzeichnet Käthe zusammen mit ihrem Ehemann einen »Dringenden Appell« an die sozialdemokratischen Parteien, sich gegen die Nationalsozialisten zu verbünden. In der Folge wird Käthe zum Austritt aus der Akademie der Künste gezwungen. Mit Anstellung und Atelier verliert sie auch ihr regelmäßiges Einkommen, doch als ein Bekannter ihr vorschlägt, dagegen vorzugehen, weist sie ihn zurück: »Ich will und muß bei den Gemaßregelten stehen.« Als international bekannte und im Volk verehrte Künstlerin wird Käthe nicht persönlich verfolgt, doch sie erlebt mit, wie sich Freunde und Bekannte von ihr zurückziehen: »So etwas von Stille um mich.« Diese Stille nutzt sie dazu, um sich verstärkt der Plastik zu widmen. Jetzt entwickelt sie ihre berühmten Rundplastiken, so die »Mutter mit zwei Kindern«, die lange Zeit als Replik auf dem Kollwitzplatz zu sehen war. Die Figuren umschließen einander, ihre Formen sind gewölbt und bieten keine Angriffsfläche.

Immer noch setzt sich Käthe mit dem Tod auseinander – ab 1934 arbeitet sie an einem Steindruck-Zyklus zu diesem Thema, das der alternden Künstlerin immer näher rückt. Ihre Werke sind allerdings nur noch selten in der Öffentlichkeit zu sehen. Ab 1936 gilt für sie ein inoffizielles Ausstellungsverbot. Im selben Jahr wird sie von der Gestapo verhört, nachdem ein Artikel über sie in der russischen Zeitung »Iswestija« erschienen ist. Käthe wird zum ersten Mal mit dem Konzentrationslager gedroht. Nach einer Beratung mit ihrem Ehemann treffen sie eine Entscheidung: »Wir fassen den Entschluß, dem Konzentrationslager, wenn es unvermeidlich scheint, durch Selbsttod uns zu entziehen.« Es kommt nicht dazu.

In ihren letzten Lebensjahren muss Käthe viele Menschen betrauern, die ihr nahestehen. 1940 stirbt Karl Kollwitz und sie widmet ihrem treuen Gefährten die Plastik »Abschied«. Zwei Jahre später fällt ihr Enkel als Soldat in der Sowjetunion. Der Schmerz um diesen Verlust drückt sich in ihrer letzten Lithografie aus: »Saatfrüchte sollen nicht vermahlen werden!« Nach all den Jahren in Berlin verlässt sie die Stadt 1943, um sich vor Bombenangriffen in Sicherheit zu bringen – nur wenige Monate später wird ihr Haus tatsächlich von einer Bombe getroffen, viele ihrer Werke werden zerstört. Käthe sucht zuerst Unterschlupf bei einer Freundin im Harz und zieht dann nach Moritzburg bei Dresden. Dort stirbt sie am 22. April 1945, keinen Monat vor dem Ende des Zweiten Weltkriegs. Zeitlebens war es Käthe Kollwitz am wichtigsten, die Menschen zu erreichen und zu bewegen. Ihre Kunst sollte »lebendig Wurzeln« fassen und mit dem Volk verbunden sein. Ihre Werke spiegeln die Umbrüche des 20. Jahrhunderts wider – aus der Perspektive einer Berlinerin, Künstlerin und Mutter.

Else Lasker-Schüler

Der Prinz flaniert durch sein Theben: eine kleine Gestalt mit kurzen dunklen Haaren und schweren Ohrringen, Schmuck glänzt auch an Hals und Fingern, eine bunte Schärpe umfasst die zierliche Taille. Alle Passanten drehen sich nach der ungewöhnlichen Erscheinung um, die meisten kennen sie zumindest vom Hörensagen – die berühmteste Dichterin Deutschlands, ob brillant und visionär oder sentimental und geistig verwirrt, darüber wird beherzt gestritten. Theben ist Berlin und der Prinz ist Else Lasker-Schüler. Die Expressionistin lebt und liebt in einer eigenen Welt, in der die Realität nur in Chiffren und verrätselten Namen durchscheint. Zeitlebens von finanzieller Not geplagt und missverstanden, weiß sie ganz genau, dass sie einzigartig ist – so wie Berlin, in dessen Romanischem Café am Kurfürstendamm sie Hof hält, auch als die meisten ihrer Freunde bereits vor den Nationalsozialisten die Flucht ergriffen haben.

Als die Dichterin 1926 zahlreiche Glückwünsche zum 50. Geburtstag erhält, reagiert sie verständnislos und empört – dabei hat sie selbst ihr Geburtsjahr so oft geändert, dass nicht einmal Freunde wissen, zu welchem Alter man sie beglückwünschen darf. Tatsächlich kommt Elisabeth Schüler am 11. Februar 1869 in Elberfeld (heute Wuppertal) zur Welt, sie ist das sechste Kind des jüdischen Bankiers Aron Schüler und seiner Ehefrau Jeanette. Das ungestüme Mädchen spielt lieber mit Jungen als mit Mädchen, am liebsten Krieg, und strengt sich nicht sehr in der Schule an. Nachdem ihr Lieblingsbruder Paul 1882 an Tuberkulose stirbt, wird Else privat unterrichtet. Acht Jahre später ereilt die Familie der nächste schwere Schlag: Jeanette erliegt einem langen Krebsleiden. Der Verlust prägt die zukünftige Dichterin, die rückblickend schreibt: »Wie meine Mutter starb, zerbrach der Mond.«

Das Heim der Familie Schüler wird leerer. 1893 heiratet Elses Lieblingsschwester Anna, Trauzeuge ist der Arzt Dr. Berthold Lasker, der sich noch im selben Jahr mit der neun Jahre jüngeren Else verlobt. Nach der Heirat 1894 zieht das Paar nach Berlin, wo Lasker im Tiergartenviertel seine erste Praxis eröffnet. Seiner Ehefrau mietet er ein Atelier und stellt ihr den Maler Simson Goldberg an die Seite, der ihr nicht nur das Zeichnen beibringen, sondern auch ihr Temperament bezähmen soll. Sein Vorhaben scheitert: Else bleibt unbelehr-

• Else Lasker-Schüler, 1932

bar und wirft ihrem Ehemann, dem »Eckel«, Kälte vor – die schlimmste Beleidigung aus dem Mund dieser vor Leidenschaft überschäumenden jungen Frau. Bald leben sie getrennt, Lasker bemüht sich jedoch noch jahrelang um seine Ehefrau. Auch als sie 1899 einen Jungen zur Welt bringt, der nicht von ihm sein kann, erkennt Lasker das Kind als sein eigenes an. Else lässt sich von ihm für sich und den Sohn Paul eine Wohnung in der Schlüterstraße 62 finanzieren, nur wenige Häuser von Lasker entfernt. Die Identität von Pauls Vater hält sie zeitlebens geheim.

1899 wird auch zum Geburtsjahr der Dichterin Else Lasker-Schüler. Durch die Begegnung mit dem Schriftsteller Peter Hille findet sie zum Schreiben. Ihr Mentor führt sie in die Berliner Literaturszene ein und fördert die Veröffentlichung ihrer ersten Gedichte. 1901 erscheint ihre Gedichtsammlung »Styx«. Die Resonanz ist verhalten, doch das mag die von sich selbst überzeugte Autorin nicht glauben. Fast täglich schreibt sie ihrem Verleger Axel Juncker – »Wollen Sie nicht etwas Reclame für Styx machen?« – und fordert den Versand der Bücher an Rezensenten und Institutionen, ohne für die Exemplare bezahlen zu können. Der Verkaufserfolg bleibt dennoch aus. Zumindest an der Liebesfront sieht es besser aus: 1903 heiratet Else den neun Jahre jüngeren Georg Levin, der unter dem von ihr erhaltenen Namen Herwarth Walden später als Verleger bekannt wird. Walden wird ihr größter Förderer und sorgt dafür, dass der Name Else Lasker-Schüler untrennbar mit der Berliner Bohème verbunden bleibt. Der Name bleibt allerdings auch – Else weigert sich, Walden als neuen Nachnamen zu führen (»Nicht Schüler-Walden«). Das Paar zieht zunächst in die Ludwigkirchstraße 12 unweit des Kurfürstendamms, dann in die Katharinenstraße 5 im noblen Halensee. Sie arbeiten eng zusammen – Walden gründet 1904 den Verein für Kunst, der junge Talente fördern soll, Else hilft bei der Anwerbung prominenter Unterstützer. In dem an den Verein angegliederten Verlag erscheint ihr zweiter Gedichtband »Der siebente Tag«.

Im selben Jahr stirbt Hille und Else macht sich daran, die Beziehung zu ihrem »Meister« literarisch zu verarbeiten. Das 1906 erscheinende »Peter Hille-Buch« ist die Geschichte einer Offenbarung: »Petrus« erklärt seiner Jüngerin »Tino« die Welt. Der Name, den Hille ihr gab, begleitet sie jahrelang – ihr nächstes Buch heißt denn auch »Die Nächte Tino von Bagdads« (1907). Darin wandelt Tino, die Dichterin Arabiens, durch eine orientalische Welt, die Else zeitlebens fasziniert. In der märchenhaften Geschichte wie schon im »Peter Hille-Buch« erkennen Eingeweihte Ereignisse und Personen aus dem Umfeld der Autorin wieder. Auch hinter den Figuren, in die sich Tino von Bagdad verliebt, verbergen sich meist reale Männer aus Elses Leben – so der Schriftsteller Peter Baum oder der Anarchist Johannes Holzmann, der Else den Namen Senna Hoy verdankt. Liebe ist für Else so notwendig wie Atmen, mit nie ausgeschöpfter Leidenschaft wirft sie sich jüngeren Männern an die Brust und feiert ihre Gefühle: »Herrlich ist es, verliebt zu sein, so rauschend, so überwältigend, so unzurechnungsfähig …« Walden kennt ihre zärtlichen und sinnlichen Gedichte an verschiedene Adressaten – und druckt sie ab.

Der finanzielle Erfolg lässt jedoch bei beiden auf sich warten: Während Walden den Zeitschriften, bei denen er als Redakteur anfängt, immer wieder zu modern ist, will niemand Elses Stück »Die Wupper« (1909) aufführen. Doch ihr Unternehmungsgeist kennt keine Grenzen. Als ein britischer Germanist Gedichte von ihr in einer Anthologie deutscher Gegenwartslyrik veröffentlichen will, antwortet sie ihm leichthin: »Dire Sire. I can't speak englisch, all is fly out my head eway.« Das hält sie jedoch nicht davon ab, rege mit dem Briten zu korrespondieren und gemeinsame Veranstaltungen in England zu planen, zu denen es nie kommt. Ihm schreibt sie offenherzig: »Sind Sie, wie ich es bin, ewig 14jährig? und ein Knabe? Eckelhaft sind Frauen und Männer.« Der ewig 14-jährige Knabe nennt sich ab 1911 Jussuf von Theben.

Im selben Jahr flieht Walden vor seiner finanziellen Misere nach Norwegen. Auch die Gründung der Zeitschrift »Der Sturm«, die zu einem der zentralen Organe des deutschen Expressionismus wird, hilft ihm nicht, die Miete zu bezahlen. Else bleibt in Berlin und schreibt ihrem Mann vom Café des Westens aus lange Briefe – die natürlich im »Sturm« erscheinen. Die Leser werden Zeugen, wie die Ehe der beiden zerbricht. Walden verliebt sich in eine junge Schwedin, Else ist empört, dass er es ihr verschweigt: »Ich sagte immer alles, auch die Schwärmerei damals zu Oskar Kokoschka und alles. Er heimlich.« Die »Briefe nach Norwegen« werden fortgesetzt, auch als Walden längst wieder in Berlin ist – mit der hübschen Blondine an seiner Seite. 1912 lassen sie sich scheiden. Von nun an wohnt Else in verschiedenen Pensionen, ihre Gedichte erscheinen in der Konkurrenzzeitschrift »Die Aktion«.

Im selben Jahr lernt Else zwei der wichtigsten Männer in ihrem Leben kennen: Gottfried Benn und Franz Marc. Benns Gedichtzyklus »Morgue« erregt in Berlin viel Aufsehen, Else vergleicht ihn mit Kokoschka. Sie umwerben einander in Gedichten, ihr »Giselheer« hilft Else über den Tod ihrer Schwester Anna hinweg. Benn zieht sich jedoch bald wieder aus der Bohème in die Bürgerlichkeit zurück und kränkt Else mit seiner Zurückweisung. Die Freundschaft zu Marc hingegen bleibt bis zu dessen Tod bestehen. Sie nennt den Maler »Blauer Reiter« (nach der von ihm und Wassily Kandinsky gegründeten Künstlergruppe) und »Ruben« – der Bruder von »Jussuf« nach der biblischen Josephsgeschichte – und besucht ihn und seine spätere Ehefrau Maria in Oberbayern. Ihr schickt er den ersten Entwurf seines berühmten »Turms der blauen Pferde« auf einer Postkarte, er unterstützt sie auch finanziell. Auch der Wiener Karl Kraus, Herausgeber der satirischen Zeitschrift »Die Fackel«, ruft zu Spenden für die am Hungertuch nagende Autorin auf.

• So sieht Else sich 1913: »Jussuf prince Tiba«, kolorierte Tuschezeichnung

Mit dem Ausbruch des Ersten Weltkriegs wird es auf einen Schlag leer in Berlin. Viele Expressionisten lassen sich von der Kriegseuphorie mitreißen, überzeugt von der Möglichkeit, gewaltsam einen Umsturz der herrschenden Ordnung herbeizuführen. Maria Marc gegenüber klagt Else: »Alle, alle sind fort, keine Freude mehr, kein Spiel, tief ver-

• »Der blaue Reiter präsentiert Eurer Hoheit sein blaues Pferd.« Mit diesen Worten schickt Franz Marc 1912 seiner Freundin Else Lasker-Schüler eine Postkarte mit dem »Turm der blauen Pferde« – das ausgeführte Gemälde geht im Zweiten Weltkrieg verloren.

»Eine unumstößliche Uhr ist Berlin, sie wacht mit der Zeit, wir wissen, wieviel Uhr Kunst es immer ist. Und ich möchte die Zeit so gern verschlafen.«

einsamt alles.« Franz Marc ist einer der glühendsten Verfechter des Krieges. Von ihm lässt sich Else anstecken: »Immer bin ich mit meiner Seele bei dir im Krieg und ich bin beschämt, daß ich nicht dem Zuge folgen kann oder mitziehen kann.« Der Krieg fordert jedoch große Opfer. Elses neuester Freund, der Militärapotheker und Dichter Georg Trakl, stirbt 1914 nach einem missglückten Selbstmordversuch in Krakau an einer Überdosis Kokain. Marc fällt 1916 bei Verdun. Die Autorin, die zum Schreiben inzwischen vom Café des Westens ins Romanische Café umziehen musste, ist untröstlich. Doch da erkrankt ihr Sohn Paul und Else mobilisiert alle Kräfte, um ihn in einem Schweizer Sanatorium unterzubringen.

Nach Kriegsende geht es wieder aufwärts: Elses gesammelte Werke erscheinen, »Die Wupper« wird uraufgeführt, der Verkauf der Bildkarten, die sie von Marc aufbewahrt hat, sowie eigener Zeichnungen beendet vorerst ihre finanziellen Schwierigkeiten. Sie wohnt jetzt im Hotel Koschel in der Motzstraße in Schöneberg, in ihrer »Kajütte«. Die Schatten der Zeitgeschichte fallen jedoch auch auf Elses Welt. Von Judenpogromen in Kischinjow (im heutigen Moldawien) erschüttert, veröffentlicht sie 1921 »Der Wunderrabbi von Barcelona«, in dem sie sich mit Antisemitismus und Zionismus auseinandersetzt. Ein Jahr später erbt sie Geld von Verwandten aus den USA, verliert es jedoch in der Inflation. Fortwährende Streitigkeiten mit Verlegern führen dazu, dass sie 1925 im Selbstverlag die Anklageschrift »Ich räume auf!« veröffentlicht, die die Willkür und Geldgier der Verleger anprangert. 1926, als alle Else zum vorgeblich 50. Geburtstag gratulieren, wird bei Paul Tuberkulose diagnostiziert. Trotz diverser Sanatoriumsaufenthalte stirbt er ein Jahr später in Berlin.

Obwohl Else immer öfter Ziel von antisemitischen Anfeindungen wird, bleibt sie in Berlin. Ihre Kämpfernatur blüht auf: »Noch eine Wunde am Oberarm und Unterfußgelenk, so hab ich mich geschlagen mit den Nazis.« Im Roman »Arthur Aronymus« (1932) inszeniert sie die Versöhnung zwischen Juden und Christen – die Hauptfigur ist ihrem Vater nachempfunden. Die Bühnenfassung kann in Deutschland nicht wie geplant aufgeführt werden, die Repressalien sind zu groß. Die Verleihung des Kleist-Preises an Else, den sie sich mit Richard Billinger teilt, verschlimmert die Übergriffe gegen sie. 1933 reist Else endlich in die Schweiz ab, hat jedoch nicht vor, lange zu bleiben.

In Zürich ist es ihr zu still. Sie darf nicht arbeiten und muss Bußgeld zahlen, als sie dennoch wieder veröffentlicht. Die Fremdenpolizei beobachtet sie. Reisen nach Palästina nehmen sie nicht für das Land ein, doch bald bleibt ihr keine andere Wahl – Deutschland bürgert sie 1938 aus, auch die Schweiz will sie nicht länger haben und verweigert ihr 1939 die Wiedereinreise aus Palästina. Sie zieht nach Jerusalem, zuerst wohnt sie in Hotels, dann zur Untermiete. Deutschland bleibt ihre Heimat. Noch kurz vor dem Ausbruch des Zweiten Weltkriegs schreibt sie: »Es giebt keinen Krieg – ich bin *überzeugt*, wir alle!« Trotz ihres Alters sind ihre Lebensgeister ungebrochen: Von ihrer Rente gibt sie das meiste für Vogelfutter aus, sie verliebt sich in einen 40-jährigen Akademiker und schreibt ihm glühende Liebesgedichte und Briefe, gründet einen Vortragskreis. In ihrem Schauspiel »Ichundich« lässt sie prominente Nationalsozialisten in der Hölle Figuren aus Goethes »Faust« begegnen. Es wird ihr letztes sein. Im Januar 1945 erleidet Else einen schweren Herzanfall, an dessen Folgen sie am 22. Januar stirbt. Benn nennt sie später die größte Lyrikerin, die Deutschland je hatte. Bis zum Schluss blieb sie die Herrin ihrer eigenen Welt: eine Kriegerin, die ihre Leidenschaften wie ein Schwert gegen Klischee, Kälte und Kleinkariertheit führte.

Rosa Luxemburg

Kaum hat sie wieder einen Fuß nach Berlin gesetzt, steht sie im Mittelpunkt der Revolution. Nach jahrelanger Haft spricht Rosa Luxemburg vor Zehntausenden, die ihren Namen rufen, und steht bis Mitternacht an der Druckerpresse, um ihre zündenden Worte an die Massen weiterzugeben. Ende 1918 sind ihre Hoffnungen so stark und lebendig wie nie zuvor, alles scheint möglich. Da hat sie noch zwei Monate zu leben. Die brillante Rednerin und scharfsinnige Publizistin opfert dem Kampf um eine gerechtere Welt ihr Privatleben, ihre Gesundheit und am Ende auch ihr Leben. Verehrt, gehasst, heute noch viel diskutiert, ist Rosa Luxemburg eine der Frauen, die den Lauf der Geschichte verändert haben.

Geboren wird Rosa am 5. März 1871 im polnischen Zamość als jüngstes von fünf Kindern der aufgeklärten jüdischen Familie Luxemburg. Sie lernt früh verschiedene Fremdsprachen. Mit fünf Jahren erkrankt sie an einem Hüftleiden und ist eine Zeitlang ans Bett gefesselt, wo sie sich am liebsten dem Briefeschreiben widmet – einer Gewohnheit, dem sie ihr Leben lang nachgehen wird. Von der Krankheit behält sie zeitlebens ein Hinken zurück. Nachdem die Familie nach Warschau umgezogen ist, besucht Rosa ab 1880 das Gymnasium und vertritt bereits dort ohne Rücksicht auf Autoritäten ihre eigene Meinung. Als Jugendliche bewegt sie sich in sozialrevolutionären Kreisen, die sich gegen die Besetzung Polens durch Russland und Preußen aussprechen. Als sie in das Visier der Geheimpolizei gerät, muss sie 1889 in die Schweiz fliehen.

An der Züricher Universität schreibt sie sich für Naturwissenschaften ein. Hier lernt sie den litauischen Widerstandskämpfer Leo Jogiches kennen. Die beiden werden ein Paar, halten ihre Beziehung jedoch geheim. Zusammen wechseln sie 1893 zum Studium der Staatswissenschaften. In der Diskussion mit Professoren um die Theorien von Karl Marx beweist Rosa ihren analytischen Verstand und ihren leidenschaftlichen Einsatz für das, was sie für richtig hält. Als Mitbegründerin der polnischen Arbeiterpartei SDKP arbeitet Rosa mit Jogiches an der Parteizeitung und reist zu internationalen Kongressen. Die deutsche Arbeiterbewegung bringt ihr der emigrierte Sozialist Karl Lübeck näher, bei dessen Familie sie in Zürich wohnt. Über ihn veröffentlicht sie Artikel in der deutschen sozialistischen Zeitung »Die Neue Zeit« von Karl Kautsky. Die internationale Arbeiterbewegung nimmt langsam Notiz von der streitlustigen jungen Frau.

1897 promoviert Rosa mit herausragendem Ergebnis und beschließt, nach Deutschland zu gehen, um ihre Fähigkeiten bei einer gut organisierten Massenpartei einzusetzen. Um die preußi-

• Rosa Luxemburg auf einem nachkolorierten Foto von 1914

sche Staatsbürgerschaft zu erwerben, geht sie 1898 eine Scheinehe mit Lübecks Sohn Gustav ein. Im selben Jahr zieht sie nach Berlin. Jogiches bleibt in Zürich zurück, um sein Studium zu beenden, ihm schildert sie ihre Bedenken bei ihrer Ankunft: »Ich fühle mich, als wäre ich ganz allein und fremd hierhergekommen, um Berlin ›zu erobern‹, und wenn ich es ins Auge fasse, wird mir bange angesichts seiner kalten und mir gegenüber gleichgültigen Macht.« Mit einer Wohnung am Tiergarten und der Mitgliedschaft in der Sozialdemokratischen Partei Deutschlands (SPD) wird sie jedoch schnell in Berlin heimisch.

Von Anfang an engagiert sich Rosa stark in Wahlkämpfen und publiziert in linken Zeitungen. Sie verfolgt aktuelle Debatten und Entwicklungen auf der ganzen Welt und sammelt Zeitungsausschnitte, um Material für eigene Artikel zu haben. 1898 profiliert sie sich in der Partei als scharfe Kritikerin von Eduard Bernstein, der den Klassenkampf als überholt bezeichnet und sich für eine Neuausrichtung der Partei einsetzt. Auch auf dem ersten SPD-Parteitag, an dem sie teilnimmt, polemisiert sie gegen den Revisionismus Bernsteins und beeindruckt ihre Zuhörer durch ihre geschliffene Rede. Mit Worten bestreitet Rosa auch ihren Lebensunterhalt: Nach einer kurzen Episode als Chefredakteurin der »Sächsischen Arbeiter-Zeitung« publiziert sie regelmäßig in verschiedenen Zeitungen zu politischen, aber auch zu ökonomischen Themen. Ihre Artikel werden von führenden Sozialdemokraten wie Karl Kautsky gelobt, der zu einem guten Freund wird. Die Anerkennung, die ihre Arbeit erfährt, macht Rosa stolz, kann aber nicht darüber hinwegtrösten, dass sie in ihrem Privatleben unglücklich ist – Jogiches ist immer noch in Zürich, dabei wünscht sich Rosa sehnlichst, gemeinsam eine Familie zu gründen. Hochzeitspläne werden immer wieder verschoben, aber im August 1900 zieht er endlich zu Rosa in die Wielandstraße 23. Zusammen engagieren sie sich nach wie vor durch Veröffentlichungen und Kongressauftritte in der polnischen Arbeiterbewegung. 1904 lässt sie sich schließlich von Lübeck scheiden.

Auch ihre enge Freundschaft zur Frauenrechtlerin Clara Zetkin gibt Rosa Halt, während sie ihren Einfluss in der Partei weiter ausbaut. Ihr Ehrgeiz lässt ihr keine Ruhe, sie hat vor, »unsere ganze positive Arbeit zu revidieren, die Agitation, die Praxis, neue Wege aufzuzeigen (...), den *Schlendrian* zu bekämpfen etc., mit einem Wort, ein ständiger Antrieb der Bewegung zu sein«. Rosas Radikalität trägt ihr persönliche Angriffe in der Presse ein, auch in der Partei wird sie nicht immer gern gesehen. Wenn etwas nicht nach ihrem Willen geht, wird sie schnell unbeherrscht. Auf Geschehnisse in der internationalen Politik reagiert Rosa sofort – sie fordert Agitation gegen den Chinakrieg 1900, setzt sich für den Antimilitarismus und gegen eine Regierungsbeteiligung der Sozialisten in Frankreich ein, analysiert das Scheitern der Massenkundgebungen in Belgien und streitet mit Lenins Bolschewiki.

Auch vor Kritik am deutschen Kaiser scheut sie nicht zurück. Während des Reichstagswahlkampfes 1903 wirft sie Wilhelm II. vor: »Der Mann, der von der guten und gesicherten Existenz der deutschen Arbeiter spricht, hat keine Ahnung von den Tatsachen.« Diese Äußerung trägt ihr wegen Majestätsbeleidigung eine Gefängnisstrafe von drei Monaten ein – die erste, aber nicht die letzte Inhaftierung ihres Lebens. 1905 beschäftigen der Petersburger Blutsonntag und die Massenproteste gegen den Zaren die Sozialdemokraten. Rosa nutzt den Anlass, um auf Kundgebungen über die Bedeutung des politischen Massenstreiks zu reden. Sie übernimmt die politische Leitung der Parteizeitung »Vorwärts«, um sich finanzielle Sicherheit und Prestige zu sichern. Das »Geschmiere« – so drückt sich Rosa gegenüber Jogiches aus, der zu dieser Zeit in Warschau als Redakteur für die polnische Arbeiterpartei tätig ist – kostet sie jedoch mehr Zeit und Nerven als erwartet, so dass Rosa häufig bei der Redaktion in der Lindenstraße nahe dem heutigen Mehringplatz vorbeischauen muss. Ihre Leitartikel verschärfen zusätzlich den Konflikt zwischen der Parteilinken und dem Zentrum.

• Rosa Luxemburg mit ihrem frisch angetrauten Ehemann Gustav Lübeck 1898 in Zürich

• Rosa Luxemburg im Reichstagswahlkampf 1907

Völlig erschöpft begibt sich Rosa 1905 inkognito nach Warschau, um ihre Familie zu besuchen und Jogiches bei seiner Redaktionstätigkeit vor Ort zu unterstützen. Trotz aller Vorsichtsmaßnahmen werden beide 1906 verhaftet. Rosa droht ein Prozess vor einem Kriegsgericht, doch ihre Freunde schaffen es, mit Hilfe eines ärztlichen Attestes und durch Bestechung schon nach wenigen Monaten ihre Freilassung zu bewirken. Jogiches bleibt noch ein Jahr im Gefängnis, bevor er fliehen kann. Die Beziehung zu Rosa fällt dieser neuerlichen Trennung zum Opfer. Als Jogiches wieder in Berlin ist, hat sich Rosa bereits Claras Sohn zugewandt, dem 14 Jahre jüngeren Kostja Zetkin. Jogiches kann sich mit diesem Verlust lange nicht abfinden und droht ihr und ihrem neuen Geliebten, woraufhin Rosa sich zur Selbstverteidigung einen Revolver zulegt. Obwohl sie Angst vor seinen Eifersuchtsattacken hat, arbeitet sie weiterhin mit ihm zusammen. Auch die gemeinsame Wohnung in Friedenau teilen sie noch jahrelang, bis Rosa 1911 nach Südende umzieht.

Obwohl die SPD bei der Reichstagswahl 1907 viele Stimmen dazugewinnt, betont Rosa immer wieder, dass Reformen innerhalb des bestehenden Systems nicht das Ziel der Partei sind: »Wir sind eine revolutionäre Massenpartei. Unsere politische Macht liegt deshalb nicht in der Zahl der Reichstagsmandate, sondern in der Zahl unserer Anhänger im Volke.« Damit geht sie immer stärker auf Konfrontationskurs mit der Parteiführung. Um sich zu finanzieren, übernimmt sie den Unterricht im Fach Nationalökonomie an der Parteischule in der Lindenstraße – zunächst ist ihr die Stelle »wie ein Ziegelstein auf den Kopf gefallen«, dann jedoch zeigt sie sich begeistert von ihren Schülern und dem Einfluss, den sie dort ausüben kann. Auch auf Zetkin versucht sie pädagogisch einzuwirken und berät ihn eher als Mutter denn als Geliebte (»mein Sohn«). An seinen Gefühlen zweifelt sie jedoch immer wieder. 1909 fordert sie Klarheit: »Wenn Du mich nicht mehr liebst, so sag es mir offen mit drei Worten.« Er sagt es ihr, doch sie nimmt ihm den Bruch nicht übel und bleibt weiterhin seine Mentorin.

1910 erreicht der Wahlrechtskampf in Preußen seinen Höhepunkt, doch Rosa beschert das Jahr vorrangig Frustrationen. Während sie die Massendemonstrationen begrüßt, sprechen sich Partei und Gewerkschaften dagegen aus. Selbst mit ihrem langjährigen Freund Kautsky liefert sich Rosa einen erbitterten Kampf in der Presse, der ihren Freundeskreis entzweit. Rosa nimmt die Ablehnung persönlich: »In unserer Partei darf man nicht zu siegreich sein, denn das verzeihen sie niemand.« Auf dem Parteitag in Magdeburg muss sie ihren Vortrag abbrechen, als sie ausgebuht wird. Die Anfeindungen nehmen sie geistig und körperlich mit: »Ich fühle mich *wie ein geprügelter Hund*, und mir scheint, daß ich eine *eklatante Niederlage* erlitten habe. (…) *Ich bin physisch fertig.*« In der polnischen Presse ist sie antisemitischen Beschimpfungen ausgesetzt.

Sie stürzt sich in ihren Unterricht und in theoretische Arbeiten. Das Schreiben des viel beachteten Buchs »Die Akkumulation des Kapitals«, das 1913 erscheint, hilft ihr über die Krise hinweg: »Ich lebte wirklich wie im Rausch.« Privat sucht sie wie immer den Ausgleich in der Natur, ob nun im Spiel mit der geliebten Katze Mimi oder beim Anlegen eines Herbariums. Die nationalistische Hetze wird indes immer stärker und die SPD stimmt zu Rosas Entsetzen der Aufrüstung Deutschlands zu. Sie aber bleibt ihrer antimilitaristischen Position treu und hält eine eindringliche Rede in Frankfurt: »Bei einem eventuellen Kriege sollten die Arbeiter sich erst besinnen, ob sie es mit ihrem Gewissen vereinbaren könnten, auf ihre gleichgesinnten Brüder im Feindesland zu schießen.« Diese Rede bringt ihr eine Verurteilung zu 14 Monaten Haft wegen Hochverrats ein. Rosa zeigt sich unbeeindruckt und meint, dass »Opfer zum Handwerk des Sozialisten gehören«. Bei diesem und weiteren Verfahren lernt sie ihren Verteidiger Paul Levi kennen und lieben.

Noch vor ihrem Haftantritt kommt der Befehl zur deutschen Mobilmachung. Die SPD-Fraktion im Reichstag unterstützt die Kriegskredite, ebenso wie die meisten anderen internationalen Arbeiterparteien. Erschüttert denkt Rosa an demonstrativen Selbstmord. Stattdessen schließt sie sich jedoch mit Karl Liebknecht und anderen Kriegsgegnern zum Widerstand gegen den offiziellen Kurs der Partei zusammen. Gemeinsam bringen sie 1915 eine neue Zeitschrift heraus, »Die Internationale« – beim Erscheinen der ersten Ausgabe ist Rosa jedoch schon inhaftiert. Ein Jahr verbringt sie im Königlichen Frauengefängnis in der Barnimstraße 10 unweit des Alexanderplatzes. Sie wird von Freunden und der Partei finanziell unterstützt, die auch gesondertes Essen für die von Magenbeschwerden Geplagte organisieren. Auch hinter Gittern korrespondiert Rosa noch rege, erhält Besuch von Liebknecht und arbeitet an weiteren Veröffentlichungen, darunter der sogenannten Junius-Broschüre – einer Abhandlung gegen den Ersten Weltkrieg, in der sie das Verhalten der sozialdemokratischen Parteien scharf kritisiert.

»Ein Sozialdemokrat flieht nicht. Er steht zu seinen Taten und lacht Ihrer Strafen. Und nun verurteilen Sie mich!«

Nach ihrer Entlassung engagiert sich Rosa weiter in der nun Spartakusgruppe genannten Opposition. 1916 werden Liebknecht und sie verhaftet. Ohne dass konkrete Anschuldigungen vorliegen, wird Rosa mehrfach verlegt und schließlich in die Festung Wronke in Posen gebracht. Sie befindet sich noch in Haft, als die Spartakusgruppe 1917 aus der SPD ausgeschlossen wird und sich die Unabhängige Sozialdemokratische Partei Deutschlands (USDP) formiert. Obwohl Rosa auch im Gefängnis weiterhin regen Austausch mit der Außenwelt pflegt – insbesondere mit dem Militärarzt Hans Diefenbach, mit dem sie eine schwärmerische Freundschaft und vielleicht mehr verbindet –, leidet sie unter der aufgezwungenen Tatenlosigkeit: »Mitten in meinem mühsam aufgebauten schönen Gleichgewicht packte mich gestern wieder eine Verzweiflung, die viel schwärzer war als die Nacht.« Sie will sich einmischen, mitdiskutieren, Einfluss nehmen. Insbesondere die russische Revolution 1917 wühlt sie tief auf. Im selben Jahr wird sie das letzte Mal verlegt, diesmal

• Die Beerdigung Rosa Luxemburgs im Juni 1919 wurde zu einer Massendemonstration.

nach Breslau. Freigelassen wird sie erst im Zuge der Novemberrevolution 1918.

Bei ihrer Rückkehr nach Berlin brodelt die Stadt. Die Wahlen für eine verfassunggebende Nationalversammlung stehen bevor, doch Rosa und die Spartakusgruppe – nun als »Spartakusbund« ein unabhängiger Teil der USPD – setzen sich stattdessen für eine Machtübergabe an Arbeiter- und Soldatenräte ein. Nach der langen Inhaftierung kann sich Rosa kaum an ihrer geliebten Wohnung in der Lindenstraße 2 (heute Biberacher Weg) erfreuen – Tag und Nacht arbeitet sie an der Zeitung »Die Rote Fahne« und spricht auf Großkundgebungen. Immer wieder

betont sie: »Nicht darum handelt es sich heute, ob Demokratie oder Diktatur. Die von der Geschichte auf die Tagesordnung gestellte Frage lautet: *bürgerliche* Demokratie oder *sozialistische* Demokratie.«

Doch die Konterrevolution erstarkt. Die Presse hetzt gegen den Spartakusbund und unterstellt den Revolutionären, einen Bürgerkrieg entfachen zu wollen (»Spartakus will Hunger, Chaos, Anarchie«, »Spartakus will den Bürgerkrieg mit blutigem Straßenkampf«). Die Redaktion der »Roten Fahne« wird von Soldaten besetzt, die Mitglieder des Spartakusbundes sind heillos überfordert. Die USPD grenzt sich zunehmend von der radikalen Gruppe ab. Am 30. Dezember 1918 wird schließlich auf der Reichskonferenz des Spartakusbundes die Kommunistische Partei Deutschlands (KPD) gegründet. Doch Rosa kann sich nicht lange an der neuen Partei erfreuen. Nach dem sogenannten Spartakusaufstand im neuen Jahr – ein Generalstreik, der in blutige Kämpfe ausartet – erreicht die Hetze in der Presse einen neuen Höhepunkt. Hasspolemiken und Mordaufrufe gehen Hand in Hand: »Schlagt ihre Führer tot!«, fordern Plakate an den Häuserwänden schon im Dezember. Auch im »Vorwärts« wird gegen die KPD scharf polemisiert. Einen Tag vor der Ermordung Rosas und Liebknechts werden die Revolutionäre als »Bürgerkriegshetzer, Proletariermörder, Brudermörder« bezeichnet.

Zu diesem Zeitpunkt sind die beiden KPD-Führer bereits untergetaucht. Sie fliehen von einem Versteck ins nächste, Rosa schreibt bis zuletzt noch an Artikeln und Aufrufen. Am 15. Januar werden sie schließlich von Soldaten des reaktionären Freikorps in einer Wohnung in Wilmersdorf aufgespürt. Nach einem Verhör im Hotel Eden nahe der Gedächtniskirche, bei dem beide schwere Misshandlungen erleiden müssen, werden sie weggebracht und erschossen. Liebknecht wird am 25. Januar zusammen mit Opfern des Spartakusaufstandes auf dem Zentralfriedhof Friedrichsfelde begraben. Die KPD und die USPD organisieren zu diesem Anlass eine große Massendemonstration. Rosas Leichnam, der in den Landwehrkanal geworfen wurde, findet man erst Monate später. Sie wird am 13. Juni in Friedrichsfelde beerdigt, rund 25 000 Menschen schließen sich dem Trauerzug an. Bis heute gedenken jährlich Tausende Karl Liebknechts und Rosa Luxemburgs. Die Ideen dieser unerschrockenen Revolutionärin überlebten sie – bis in die Gegenwart.

Clara Grunwald

Es ist aussichtslos: Der SS-Funktionär im Zwangsarbeitslager Neuendorf hat eine geschlagene Stunde lang versucht, der alten Berliner Jüdin vor ihm die hanebüchene Idee auszureden, statt nach Theresienstadt »nach Osten« abtransportiert zu werden. Doch Clara Grunwald bleibt standhaft: Obwohl sie weiß, dass sie in Theresienstadt bessere Überlebenschancen hat, will sie sich nicht von den Kindern trennen, die sich in ihrer Obhut befinden. Die Wegbereiterin der Montessori-Pädagogik in Deutschland wird im April 1943 zusammen mit »ihren« Kindern und Freunden nach Auschwitz deportiert, wo sie den Tod findet. Damit geht sie konsequent einen Weg zu Ende, auf dem sie zeitlebens das Wohlergehen der Kinder über ihre eigenen Bedürfnisse stellte.

Schon als Kind lernt Clara, sich um andere zu kümmern. Sie wird am 11. Juni 1877 als älteste Tochter in eine kinderreiche jüdische Kaufmannsfamilie hineingeboren und übernimmt den jüngeren Geschwistern gegenüber schon früh mütterliche Pflichten – für sie als Älteste ist das selbstverständlich. In Claras Geburtsstadt Rheydt – heute ein Stadtteil von Mönchengladbach – bleibt die Familie Grunwald nicht lange, nach mehreren Umzügen wird sie 1883 in Berlin-Schöneberg ansässig. Nach dem Schulabschluss will Clara ihr Leben nicht dem Haushalt widmen. 1896 legt sie das Lehrerinnenexamen ab, das sie zum Unterricht an Volksschulen berechtigt.

In den Folgejahren arbeitet Clara an verschiedenen Schulen im Norden und Osten Berlins. Dort lernt sie die prekären Lebensumstände der Kinder aus Arbeiterfamilien kennen, die sie zu verbessern versucht. So ist sie ab 1904 als ehrenamtliche Schulpflegerin tätig und organisiert morgendliches Zähneputzen im Schulkeller sowie jeden Samstag ein Duschbad für die Kinder. In dieser Zeit festigen sich ihre pädagogischen Ansichten. Ihrer Erfahrung nach entspricht das starre preußische Schulsystem nicht den Bedürfnissen der Kinder. Es geht nicht nur darum, Wissen zu vermitteln: »Die Schule ist mehr als nur eine reine Lehranstalt. Sie ist auch eine *Erziehungs*anstalt.« Clara geht individuell auf die Schüler ein und fördert vor allem ihren Gemeinschaftssinn. Ihre Erfolge geben ihr Recht – bald schon eilt der jungen Lehrerin der Ruf voraus, auch aus problematischen oder mutmaßlich gestörten Kindern gelehrige Schüler zu machen.

Schon vor dem Ersten Weltkrieg kommt Clara in Berührung mit den Erziehungsmethoden der italienischen Pädagogin Maria Montessori. Die »Dottoressa«, wie diese respektvoll genannt wird, setzt sich dafür ein, Kleinkinder ihren individuellen Bedürfnissen entsprechend zu fördern und spielerisch zum Lernen zu motivieren. Clara erkennt ihre eigenen Anschauungen wieder und ist bald überzeugt von den Methoden und Materialien, die von der Montessori-Pädagogik entwickelt wurden. Doch sie muss bis nach Kriegsende 1918 warten, um diese Methoden auch in Deutschland verbreiten zu können.

1919 wird der »Bund entschiedener Schulreformer« gegründet, dem auch Clara und ihre langjährige Freundin Elsa Ochs angehören. Mit der Unterstützung des Bundes wird im selben Jahr in Lankwitz das erste Montessori-Kinderhaus Berlins eröffnet. Schon 1922 erfolgt allerdings die Schließung – Clara vermutet, dass einflussreiche Vertreter der Fröbel-Bewegung dafür verantwortlich sind, welche die Kindergartenpädagogik Friedrich Fröbels für »der Weisheit letzter Schluß« halten und die Montessori-Methoden scharf kritisieren. Auch von den Behörden erhält die Montessori-Bewegung keine Unterstützung, die pädagogischen Einrichtungen werden von den Vereinen finanziert, die Clara ins Leben rief – 1919 das »Deutsche Montessori-Komitee« für Pädagogen, 1921 die »Gesellschaft der Freunde und Förderer der Montessori-Methode in Deutschland«. Beide Vereine verschmelzen 1925 zur »Deutschen Montessori-Gesellschaft«, die Clara leitet.

1921 lernt Clara Maria Montessori bei einem Lehrgang in London erstmals persönlich kennen und ist fasziniert von ihrer Ausstrahlung. Dieses Charisma will sie sich für die deutsche Bewegung zunutze machen – kurzerhand lädt sie die Dottoressa nach Berlin ein. Schon ein Jahr später hält Maria an der Humboldt-Universität einen Vortrag über ihre Methoden. Wie Clara es vorausgesehen hat, löst dies positive Reaktionen im ganzen Land aus. In Berlin und anderen Städten werden in schneller Folge Montessori-Kinderhäuser und -Schulen eingerichtet, bald mangelt es an ausgebildeten Leh-

• Beim »großen Waschtag« im Montessori-Kinderhaus in Berlin waschen Kinder ihre Wäsche selbst. Foto aus den 1920er-Jahren

rern. Mit Marias Billigung veranstalten Clara und Elsa 1923 den ersten deutschen Ausbildungskurs für Montessori-Lehrkräfte. Als sie 1925 den nächsten Kurs durchführen wollen, kritisiert Maria auf einmal die Inhalte und erklärt sie für ungültig. Der Lehrgang findet trotzdem statt, doch Clara bittet die hochverehrte Pädagogin, den nächsten Kurs selbst zu leiten und so zu gestalten, wie diese es für richtig hält.

Zwar führt Maria (mit einer Dolmetscherin an ihrer Seite) den Kurs 1926/27 in Berlin durch, doch danach kommt es endgültig zum Bruch. Mutmaßlich missfällt der Italienerin die sozialistische Ausrichtung der Montessori-Gesellschaft. In der Folge zieht sie die Autorisierung für alle deutschen Montessori-Einrichtungen zurück. Clara ist »bitterlich enttäuscht« von ihrem Vorbild: »Ihr Verhalten steht in bedauerlichem Widerspruch zu ihrer Pädagogik. Trotzdem ist ihre Methode richtig und würdig, diese weiterhin zu vertreten. Und das werde ich tun!« Sie bleibt ihrem Wort treu. Da die Fröbel-Montessori-Debatte nicht versiegt, veröffentlicht sie zusammen mit Elsa eine Broschüre zur »Montessori-Erziehung in Familie, Kinderhaus, Schule«, in der sie die Grundlagen dieser Pädagogik beschreibt: »Wir müssen dem Kind behilflich sein, daß es die Vorbedingungen zu späteren Leistungen in sich gestalten kann.« Mit solchen Publikationen und regelmäßigen öffentlichen Auftritten ist Clara das Herz der deutschen Montessori-Bewegung. Das missfällt der Dottoressa – 1930 leitet sie die Gründung des »Vereins Montessori-Pädagogik Deutschlands« in die Wege, dessen Präsidentin sie wird. Der neue Verein bemüht sich mit allen Mitteln, die Montessori-Gesellschaft zu verdrängen. Nachdem Clara persönlich diffamiert wird, zieht sie sich aus der Öffentlichkeit zurück und unterrichtet privat weiter.

Nach Hitlers Machtantritt 1933 wird Clara wie allen jüdischen Lehrern die Lehrerlaubnis für öffentliche Schulen entzogen. Bis 1936 müssen alle Montessori-Einrichtungen schließen, sie gelten als jüdisch und kommunistisch. In Zusammenarbeit mit den Quäkern unterstützt Clara nun Juden bei der Auswanderung und nimmt jüdische Kinder in ihrer Wohnung im Hansaviertel auf. Obwohl Freunde sie dazu drängen, weigert sie sich, selbst zu emigrieren. Als sie davor gewarnt wird, verhaftet und deportiert zu werden, wehrt sie die Befürchtungen ab: »Verhaftet? Ich hab' doch nichts verbrochen!«

»Ich denke, wir sind nun einmal in diese Zeit hinein geboren, wir müssen sie auch bestehen.«

1941 zieht sie zusammen mit ihrer Freundin Charlotte Joel auf das Gut Neuendorf bei Fürstenwalde, das einst als eines der sogenannten Hachschara-Lager gegründet wurde, um auswanderungswillige Juden auf die Besiedlung Palästinas vorzubereiten. Unter den Nationalsozialisten wird es zu einem Zwangsarbeitslager, von dem aus immer wieder auch Transporte »nach Osten« gehen. Claras frühere Pflegetochter Bertel und deren Ehemann Martin Gerson versuchen, das Leben auf dem Gut so erträglich wie möglich zu organisieren. Als Leiterin des Kinderhauses unterrichtet »Tante Clara« ihre Schützlinge mündlich – schriftliche Arbeiten sind für die Kinder verboten – und versucht ihnen trotz der ungewissen Zukunft Selbstständigkeit und Lebensmut zu vermitteln. Jeden Tag droht die Deportation. Clara tut alles, um die Not und die Angst auf dem Gut zu lindern. Ihre Sorge gilt wie immer vor allem ihren Schützlingen: »Meine Kinder sind völlig verrückt vor Angst, daß wir getrennt werden. Sie wollen auch alles auf sich nehmen, rechnen mit allem, aber sie wollen mit uns zusammen bleiben.« Diesen Wunsch erfüllt Clara ihnen. Im April 1943 werden die letzten verbleibenden Bewohner des Guts – bis auf die Familie Gerson, die im Juni folgt – deportiert. Mit ihren 67 Jahren soll Clara nach Theresienstadt kommen, doch sie setzt durch, dass sie »ihre« Kinder und Charlotte in den Osten begleiten darf. Der Transport geht nach Auschwitz, von wo aus Clara nie zurückkehrt. Ihr Lebenswerk wird nach dem Krieg von Montessori-Pädagogen fortgesetzt, die auf ihrer Arbeit aufbauen. Bis zum Schluss hat sich Clara Grunwald für das Recht jedes Kindes auf die bestmögliche Erziehung eingesetzt.

Lise Meitner

Wenn Deutschlands zukünftige erste Professorin für Physik 1907 zu ihrem Arbeitsplatz gelangen will, muss sie den Hintereingang benutzen. Im Chemischen Institut in der Hessischen Straße in Berlin-Mitte, wo Lise Meitner zusammen mit Otto Hahn Untersuchungen zur Radioaktivität betreibt, sind keine Frauen erlaubt – nur zum Keller hat Lise Zutritt, selbst zum Toilettenbesuch muss sie auf eine Gaststätte in der Nähe ausweichen. Beim Zusammentreffen mit Institutskollegen grüßen diese nur Hahn. Die zierliche Frau an seiner Seite existiert lange Zeit nicht. Auch später, als Lise Meitner längst eine der weltweit führenden Kernphysikerinnen ist, muss sie immer wieder darum kämpfen, dass ihre Leistungen anerkannt werden. Dabei ist es ihrer Tätigkeit zu verdanken, dass Berlin vor dem Zweiten Weltkrieg zu einem international gerühmten Forschungsstandort für Radioaktivität avanciert.

Lise Meitner kommt am 7. November 1878 in Wien zur Welt, sie ist das dritte Kind des jüdischen Ehepaars Hedwig und Philipp Meitner. Ihr Vater führt eine gut gehende Anwaltskanzlei und lädt regelmäßig Wiener Intellektuelle zu sich nach Hause ein, so dass Lise später rückblickend »die geistig so außerordentlich anregende Atmosphäre« ihrer Kindheit wertschätzt. Auf die Bildung ihrer insgesamt acht Kinder legen die Meitners großen Wert – alle erhalten Musikunterricht und eine höhere Ausbildung. Lise begeistert sich schon von klein auf für Naturwissenschaften. Als sie 1892 mit 14 Jahren ordnungsgemäß die Mädchenschule abschließt, hat sie keine Möglichkeit zu studieren und besucht auf Anraten ihres Vaters eine private höhere Töchterschule, um später als Französischlehrerin arbeiten zu können. 1897 wird es Frauen in Österreich erlaubt, Geistes- und Naturwissenschaften zu studieren. Lise beendet sicherheitshalber ihre Lehrerinnenausbildung, bevor sie 1901 die Matura nachholt und ein Studium der Physik und Mathematik an der Universität Wien aufnimmt. Die Physik begeistert sie und trotz aller Schwierigkeiten als Frau promoviert sie 1906 mit summa cum laude. Ein Jahr lang arbeitet sie in Wien am Institut für Theoretische Physik im Bereich der Radioaktivität, aber für Frauen gibt es in Österreich keine Möglichkeiten zur selbstständigen Forschung und so geht sie 1907 nach Berlin – vor allem, weil der berühmte Physiker Max Planck dort lehrt.

An der Berliner Universität wird sie wenig freundlich empfangen. Planck selbst ist der Meinung, dass Frauen ins Haus, nicht in den Hörsaal, gehören, lässt Lise aber als Ausnahme gelten. Trotzdem gibt es keine Anstellung für sie, jahrelang

• Lise Meitner bei einem Besuch in Berlin anlässlich der Einweihung des Hahn-Meitner-Instituts, 1959

muss sie noch von ihren Eltern finanziell unterstützt werden. In Berlin lernt Lise den Chemiker Otto Hahn kennen, der auf der Suche nach einem Partner für radioaktive Untersuchungen ist. Sie werden gute Freunde. Gemeinsam arbeiten sie am Chemischen Institut von Emil Fischer in der Hessischen Straße und untersuchen radioaktive Quellen von Betastrahlung. Da Fischer keine Frauen an seinem Institut erlaubt – er meint, dass ihre Haare zu leicht Feuer fangen –, darf Lise nur in dem Keller arbeiten, wo Hahn seinen Experimentierraum eingerichtet hat. Zu den Vorlesungssälen und zum Labor hat sie keinen Zutritt. Erst 1908, als in ganz Preußen das Frauenstudium eingeführt wird, darf Lise regulär das Institut betreten. Hahns Chemikerkollegen ignorieren sie jedoch weiterhin. Unter ihren Fachkollegen, den Physikern, findet Lise allerdings »außergewöhnlich liebenswürdige Menschen« und großen Zusammenhalt.

»Herzlich liebe ich die Physik, ich kann sie mir schwer aus meinem Leben wegdenken. Es ist so eine Art persönlicher Liebe, wie gegen einen Menschen, dem man sehr viel verdankt.«

Die Jahre vor dem Ausbruch des Ersten Weltkriegs sind sehr produktiv, aber auch frustrierend. In Zusammenarbeit mit Hahn veröffentlicht Lise viel, hält Vorträge und lernt internationale Physikgrößen wie Albert Einstein und Marie Curie kennen. Dennoch hat Lise als Frau immer eine Sonderstellung inne. Bei ihrer Arbeit mit Hahn muss sie sorgfältig darauf achten, keine Spekulationen über ein persönliches Verhältnis aufkommen zu lassen – obwohl die beiden gute Freunde sind, sehen sie sich nur im Institut und essen sogar getrennt voneinander. Als der berühmte Experimentalphysiker Ernest Rutherford zu Besuch in Berlin ist, muss Lise seine Frau zu Weihnachtseinkäufen begleiten, während er mit Hahn über dessen Forschung redet. Obwohl ihre Arbeit immer mehr Anerkennung findet, arbeitet sie in Fischers Institut weiterhin als »unbezahlter Gast« und muss an allem sparen. Sie leidet unter der Ungewissheit ihrer Stellung: »Manchmal bin ich kleinmütig, und mein Leben mit seiner großen Unsicherheit, den ewig sich wiederholenden Sorgen und dem Gefühl meiner Ausnahmestellung, des absoluten Alleinseins, erscheint mir dann kaum erträglich.«

1912 wendet sich Lises Situation zum Besseren. Zusammen mit Hahn zieht sie in das neu errichtete Kaiser-Wilhelm-Institut für Chemie in Dahlem um. Im selben Jahr stellt Planck sie als seine Assistentin an, was endlich ihre Karriere voranbringt: Fischer will sich nicht gegen Planck stellen und macht sie 1913 zum wissenschaftlichen Mitglied des Instituts, so dass sie fortan zusammen mit Hahn die neu gegründete Abteilung für Radioaktivitätsforschung leitet. Damit ist sie endlich finanziell abgesichert und kann sich ganz ihren Forschungen widmen.

Da bricht der Krieg aus und viele Kollegen, darunter auch Hahn, ziehen an die Front. Auch Lise, die den Kriegsverlauf zunächst »mit ehrlicher Bewunderung« verfolgt, will helfen und lässt sich zur Röntgenassistentin ausbilden. 1915 arbeitet sie in einem Feldlazarett nahe der russischen Front, wo das Leiden der Soldaten sie entsetzt. Ein Jahr später kehrt sie nach Berlin zurück. Ganz allein – alle Mitarbeiter sind an der Front – setzt sie die Untersuchungen fort, die sie mit Hahn seit 1913 zum Vorgängerelement des Actiniums betreibt. Die Experimente führen zur Entdeckung des Protoactiniums. Als die Ergebnisse 1918 veröffentlicht werden, steht Hahns Name an erster Stelle, obwohl Lise fast die ganze Arbeit allein erledigt hat. Doch für Lise, die seit 1917 Leiterin einer eigenen Physik-Abteilung am Institut ist, ist die Würdigung der Zusammenarbeit wichtiger als persönliche Auszeichnung.

Nach dem Krieg baut Lise ihre Abteilung auf, obwohl die Versorgungsprobleme in Berlin ihre Arbeit erschweren. 1919 erhält sie als erste Frau in Preußen den Professorentitel, darf jedoch noch nicht lehren. Hahn wird im selben Jahr vom Verein Deutscher Chemiker für die Entdeckung des Protoactiniums mit der Emil-Fischer-Medaille geehrt – Lise erhält lediglich einen Abdruck der Medaille. Inzwischen ist sie international als eine der führenden Experimentalphysikerinnen ihrer Zeit anerkannt und tritt selbstbewusst in aktuellen Kontroversen zur Kernphysik auf. Auch Niels Bohr lädt sie zu Vorträgen an sein Institut in Kopenhagen ein. 1922 erhält Lise endlich die Lehrbefugnis für Hochschulen, vier Jahre später wird sie als erste Frau in Deutschland zur außerordentlichen Professorin für Physik ernannt. Bis 1933 hält sie fast jedes Semester eine Veranstaltung an der Berliner Universität ab und nimmt regelmäßig Doktoranden auf. Mit ihren modernen Instrumenten, einem großen Mitarbeiterstab und ihrer großen Erfahrung kann Lise schnell auf die neuesten Entwicklungen in der Kernphysik reagieren und an der Spitze der Forschung bleiben.

• Lise Meitner 1916, nach ihrer Rückkehr nach Berlin

Während Lise sich auf die rasanten Fortschritte der Kernphysik konzentriert, achtet sie kaum auf die politische Entwicklung in Deutschland. Nach Hitlers Machtergreifung 1933 schreibt sie vorsichtig: »Die politische Lage ist recht merkwürdig, aber ich hoffe sehr, sie wird in ein ruhigeres, vernünftigeres Fahrwasser kommen.« Als am 7. April das »Gesetz zur Wiederherstellung des Berufsbeamtentums« in Kraft tritt, trifft es Lise als österreichische Staatsbürgerin zunächst nicht so hart. Ihr wird zwar die Lehrbefugnis entzogen, sie kann jedoch weiterhin am nicht staatlichen Kaiser-Wilhelm-Institut arbeiten. Andere jüdische Professoren werden entlassen, manche wie James Franck legen auch aus Protest selbst ihre Ämter nieder. Obwohl unter den Physikern besonders viele von dem Gesetz betroffen sind, gibt es im Fachbereich keinen Widerstand. Solange die prominenten Wissenschaftler weiterhin forschen dürfen, nehmen die Institutsleiter den Verlust von anderen Kollegen in Kauf. Auch Lise klammert sich an ihre »Lebensarbeit«. Obwohl die meisten Mitarbeiter an ihrem Institut in Hitlers Partei eintreten, lobt sie »ein starkes Gefühl der Zusammengehörigkeit« unter den Kollegen.

In dieser Zeit nimmt sie wieder die Zusammenarbeit mit Hahn auf, um gemeinsam mit dessen Assistent Fritz Straßmann an den neu entdeckten Transuranen – Elementen mit einer höheren Ordnungszahl als Uran – zu forschen. Sie bestrahlen die Elemente Uran und Thorium mit Neutronen und untersuchen die dabei entstehenden Zerfallsprodukte. Lise tut sich schwer damit, die Ergebnisse physikalisch zu erklären – noch zieht niemand die Möglichkeit einer Kernspaltung in Betracht. 1938 kommt Lises Arbeit fast völlig zum Erliegen – nach dem »Anschluss« Österreichs wird sie automatisch deutsche Staatsbürgerin und ist auf einmal wieder gefährdet. Obwohl sich einflussreiche Freunde für ihren Verbleib am Institut einsetzen, fordern die Behörden ihre Entlassung. Ein Leben ohne Arbeit ist für die 60-Jährige nicht denkbar und so sucht sie nach einer Anstellung im Ausland. Neue Auswanderungsbeschränkungen für Wissenschaftler drängen zur Eile, doch ihr österreichischer Reisepass wird nicht mehr anerkannt. Schließlich gelingt ihr die Flucht über die Niederlande nach Schweden. Mit zwei kleinen Koffern und zehn Mark in der Tasche verlässt Lise Deutschland.

Sie nimmt eine Stelle in Stockholm am neuen kernphysikalischen Forschungsinstitut von Manne Siegbahn an. Doch der Neuanfang fällt schwer – das Institut ist noch im Aufbau, Lise bekommt weder Mitarbeiter noch Material zur Verfügung gestellt und versteht sich auf Anhieb nicht mit Siegbahn. Ihre Zukunft ist unsicher, gleichzeitig kann sie nicht einmal ihren Kollegen in Berlin ihre überstürzte Abreise erklären: »Man darf nicht zurückschauen und man kann nicht vorwärts schauen.« Ihr einziger Lichtblick in der Isolation des Exils ist der Briefwechsel mit Hahn. Er hält sie auf dem Laufenden über die neuesten Ergebnisse der Experimente, die sie zusammen begonnen haben, und bittet sie um physikalische Deutungen. So schreibt er ihr auch von einem »Zerplatzen« des Urankerns, auf das er und Straßmann gestoßen sind – die erste beob-

achtete Kernspaltung. Lise bestärkt Hahn darin, den bislang für unmöglich gehaltenen Vorgang anzuerkennen und das Ergebnis zu publizieren. Gleichzeitig macht sie sich mit Otto Frisch daran, die theoretischen Grundlagen der Kernspaltung zu erarbeiten. Beide Artikel erscheinen Anfang 1939 und erregen großes internationales Aufsehen. Während Lise und Frisch die Ergebnisse von Hahn und Straßmann würdigen, erwähnt Hahn deren Publikation nur am Rande. Lise, die dringend internationale Anerkennung braucht, um in Schweden endlich akzeptiert zu werden, ist verzweifelt: »Und so sehr mich diese Resultate wissenschaftlich und persönlich für Hahn freuen – so denken hier jetzt manche Menschen, daß ich überhaupt nichts gemacht habe.«

Ihre theoretische Arbeit wird international durchaus beachtet – so wird ihr 1943 angeboten,

in Los Alamos an der Entwicklung der Atombombe mitzuarbeiten, was die überzeugte Pazifistin entsetzt ablehnt. Das hält die amerikanische Presse nicht davon ab, Lise nach Kriegsende zur »jüdischen Mutter der Atombombe« zu erklären, deren dramatische Geschichte selbst Hollywood verfilmen will. Mehrere Ehrendoktorwürden in den USA sind jedoch kein Ersatz für den Nobelpreis. Otto Hahn wird der Nobelpreis für Chemie des Jahres 1944 zugesprochen – Lises Anteil an der Entdeckung der Kernspaltung unterschlägt er konsequent. Wenn Lise erwähnt wird, dann als »Mitarbeiterin« Hahns. Seine Unredlichkeit enttäuscht sie fast ebenso sehr wie die fehlende Bereitschaft der deutschen Wissenschaftler, eine Mitverantwortung für die Gräuel der nationalsozialistischen Herrschaft zu übernehmen: »Wie soll Deutschland wieder das Vertrauen der Welt bekommen, wenn die besten Deutschen schon jetzt vergessen haben, was geschehen ist?«

Trotz aller Kränkungen stabilisiert sich Lises Karriere nach dem Kriegsende. Bis 1954 arbeitet sie in einem eigenen Labor an der Königlichen Technischen Hochschule in Stockholm. Ihren Ruhestand verbringt sie in Cambridge. Nach einem Herzinfarkt stirbt sie am 27. Oktober 1968 in einem Pflegeheim. Die »deutsche Marie Curie«, wie Einstein sie einst nannte, arbeitete nicht für den eigenen Ruhm, sondern für den Fortschritt ihrer geliebten Physik. Trotz aller Rückschläge behauptete sie sich in einer von Männern dominierten Wissenschaft.

135 Jahre nach ihrer Geburt ehrt sie die Humboldt-Universität zu Berlin als »eine der bedeutendsten Naturwissenschaftlerinnen des 20. Jahrhunderts« mit einem Denkmal, das im Ehrenhof des Hauptgebäudes Unter den Linden aufgestellt wird. Es war ein langer Weg bis zu dieser Anerkennung.

• Kollegen, Partner, Konkurrenten: Hahn und Meitner 1919 im Labor in Berlin

Melli Beese

Es ist ein kühler Morgen im September 1911, als auf dem Flugplatz in Berlin-Johannisthal Fluggeschichte geschrieben wird. Nur zwei Männer, gestandene Piloten, sehen zu, wie Melli Beese in ihre Rumpler-Taube steigt und abhebt, um hoch über ihren Köpfen perfekte Manöver auszuführen. Monatelang haben andere Flugschüler versucht, genau das zu verhindern – sie drängten Melli beim Training zurück, sabotierten ihre Maschine, zwangen sie zu gefährlichen Notlandungen. Doch Mellis Leidenschaft fürs Fliegen konnten sie nicht bezwingen. Als sie an diesem Tag ihre Pilotenprüfung erfolgreich absolviert, ist sie genau 25 Jahre alt – und die erste Frau mit Fluglizenz in Deutschland. In einer Zeit, in der Frauen als schwach und unterlegen gelten, zeigt Melli Beese, dass das Geschlecht am Himmel keine Rolle spielt.

Amelie Hedwig Beese kommt am 13. September 1886 in Laubegast bei Dresden zur Welt. Sie ist die Tochter des Architekten und Steinsetzmeisters Friedrich Karl Richard Beese. Das Melli gerufene Mädchen ist eine fleißige Schülerin, die sich sehr für die Arbeit ihres Vaters interessiert. Um Bildhauerei zu studieren, geht sie 1906 an die Königliche Akademie der Freien Künste in Schweden – in Deutschland ist ihr dieses Studium als Frau nicht möglich. Sie bleibt drei Jahre in Stockholm, einige ihrer Werke werden an der Akademie ausgezeichnet. Aber nicht allein die Kunst hat es ihr angetan: Die begeisterte Hochseeseglerin verfolgt auch aufmerksam neueste technische Entwicklungen, insbesondere die Erfolge der noch recht jungen Luftfahrt. Nach ihrer Rückkehr in die Heimat besucht sie als Hospitantin das Polytechnikum Dresden und hört Vorlesungen zu Mathematik, Schiffsbau, Flugtechnik und Mechanik. Hier verspürt sie zum ersten Mal den Wunsch, selbst ein Flugzeug zu steuern – ohne je eines leibhaftig gesehen zu haben: »Ich wollte fliegen lernen! – das war aber auch alles, von dem ich wußte, daß ich es wollte …«

In Johannisthal bei Berlin – heute ein Ortsteil im Bezirk Treptow-Köpenick – hat 1909 der erste deutsche Motorflugplatz eröffnet. Mit seiner guten technischen Ausstattung erlangt er schnell internationale Berühmtheit, viele deutsche und ausländische Piloten versammeln sich dort, um an neuen Flugzeugkonstruktionen mitzuwirken – und um ausgebildet zu werden. Kurzerhand macht sich auch Melli auf den Weg: »Nun war ich plötzlich da, und ich war felsenfest davon überzeugt: In wenigen, vielleicht zwei, spätestens drei Wochen würde ich, sportlich trainiert, wie

• Melli Beese in Winterkleidung vor einer Rumpler-Taube

ich war, hoch über allem Sterblichen meine Kreise ziehen …« Ihr Vorhaben gestaltet sich jedoch weitaus schwieriger.

Im November 1910 kommt sie in Johannisthal an und macht sich sofort auf die Suche nach einem Lehrer. Bei den Albatros-Werken und der Wright-Fluggesellschaft holt sie sich Absagen – der Wright-Chefpilot Paul Engelhard meint, Frauen seien komplett ungeeignet für das Fliegen. Melli wird jedoch Robert Thelen von der Ad Astra Fluggesellschaft empfohlen, der sie tatsächlich als Schülerin aufnimmt. Die Ausbildung kostet stattliche 4000 Mark, davon 1000 als Bruchkaution – in diesen Pionierstagen der Luftfahrt vergeht kein Tag, ohne dass Flugzeugtrümmer den Flugplatz bedecken. Melli wird von ihren Eltern unterstützt, denen sie erst jetzt von ihren Absichten erzählt. Sie zieht in die Nähe des Flugplatzes in die Parkstraße (heute Herrenhausstraße 11). Lange währt ihre Zeit bei Thelen jedoch nicht. Im Dezember bricht sie sich bei einem Unfall mit ihrem Lehrer Bein, Rippen und Nasenbein. Der Beinbruch ist schwerwiegend, doch Melli nimmt die Verletzung als Lehrgeld hin und kehrt nach einem Aufenthalt in Dresden – ihr Vater ist gestorben – »an zwei Stöcken hinkend« nach

• Hellmuth Hirth 1912 auf einer Rumpler-Taube

Johannisthal zurück. Thelen weigert sich jedoch, sie weiter auszubilden. Ob er nun auch meint, dass Frauen in der Luft Unglück bringen?

Monatelang darf Melli nicht fliegen. Sie beschäftigt sich am Flugplatz, schaut bei Konstruktionen zu und legt selbst Hand an: »Keiner von uns scheute sich, mit eigener Hand zu Schlosser- und Tischlerwerkzeugen zu greifen.« Im April 1911 erlebt sie zum ersten Mal, wie ein Pilot beim Fliegen ums Leben kommt. Sie wird noch gute Freunde zu Grabe tragen, die wie sie selbst mit jedem Flug ihr Leben riskieren: »Wir wußten, daß es jeden von uns treffen konnte, und waren

darum allezeit bereit, unser junges, heißes Blut für die Sache verströmen zu lassen, die wir hoch und heilig hielten.« Im Mai will sie schließlich nicht länger darauf warten, ob Thelen sie doch wieder unterrichtet, und löst ihren Ausbildungsvertrag mit ihm auf. Zunächst hofft sie auf den Wright-Piloten Robert von Mossner, der sie auf einem Flug nach Weimar mitnimmt und sie eine Etappe erstmals selbstständig fliegen lässt. Melli ist begeistert von der Erfahrung: »Zum ersten Male Leben und Tod in der eigenen Hand – in einer Unmittelbarkeit, wie es bei keinem anderen Sport der Fall ist!« Doch in Weimar, wo Mossner sie ausbilden sollte, werden die Maschinen von der Fluggesellschaft abgezogen. Schweren Herzens kehrt Melli nach Johannisthal zurück.

Als letzten Ausweg wendet sie sich direkt an Georg von Tschudi, den Direktor des Flugplatzes. Der erkennt das Werbepotenzial einer Pilotin für den Flugplatz und bringt Melli bei den Rumpler-Werken unter. Der bekannte deutsche Flieger Hellmuth Hirth wird ihr neuer Lehrer. Hirth ist von seiner neuen Schülerin nicht begeistert, er ist ebenso wie Engelhard von der Untauglichkeit der Frauen für die Luftfahrt überzeugt. Seine anderen Schüler teilen dieses Vorurteil. Melli fühlt sich ausgegrenzt und nicht ernst genommen. Sie sucht den Kontakt zu ihren Freunden und Kameraden aus der Zeit bei Thelen und trifft sich regelmäßig mit ihnen im Fliegertreff »Café Senftleben« zu Kaffee und Schrippen. Vergeblich versucht ihr Arbeitgeber, ihr die Besuche bei der Konkurrenz zu untersagen.

Die Ausbildung gestaltet sich schwierig. Die männlichen Schüler werden immerzu bevorzugt, Melli hat nur selten die Gelegenheit, in den Himmel aufzusteigen: »Denn nach dem Grundsatz: jedermann der Reihe nach – aber die Frau nach uns allen, der auf dem neuen Startplatze Geltung hatte, mußte ich viele, viele Male die Klügere sein und nachgeben, ehe meine Nummer wieder einmal fällig war.« Im Juli 1911 fliegt sie das erste Mal allein und demonstriert ihr Können mit einer perfekten Landung in der Rumpler-Taube. Das stachelt ihre Rivalen umso mehr an. Bei ih-

»Fliegen ist notwendig, Leben nicht.«

ren Examensflügen sabotieren sie zusammen mit den Monteuren regelmäßig ihre Maschine: »Bald waren ein paar Zündkerzen gegen verrußte ausgetauscht, bald das Benzin bis auf einen geringen Rest abgelassen worden, so daß ich natürlich mitten in der Prüfung aufhören und schleunigst notlanden mußte.«

Schließlich ergreift Melli am Tag ihres 25. Geburtstags selbst die Initiative. Hirth ist an diesem Morgen nicht in Johannisthal, so dass die anderen Schüler nicht so früh auf dem Flugplatz erscheinen. Melli zieht zwei Fluglehrer aus anderen Fluggesellschaften als Zeugen heran und legt vor ihnen ihre Prüfung ab. Als ihre Konkurrenten auftauchen, ist sie bereits Pilotin mit der Lizenznummer 115.

Ihre Fähigkeiten kann sie kurz darauf unter Beweis stellen. Ende September beginnt in Johannisthal die Nationale Flugwoche, bei der die Piloten miteinander wetteifern. Im Vorfeld wird wieder gegen Melli intrigiert: Zwei Rumpler-Piloten drohen mit ihrem Rückzug aus dem Wettbewerb, wenn sie daran teilnimmt. Als das nicht fruchtet, verbreiten sie Gerüchte über Mellis Unfähigkeit beim Fliegen. Erst als ihre Freunde, die Flugschüler Charles Boutard und Alfred Pietschker, mit gutem Beispiel vorangehen und sich als Passagiere in ihre Maschine setzen, kann Melli ohne weitere Behinderungen teilnehmen. Mit ihrer älteren Rumpler-Taube stellt sie zwei neue Weltrekorde auf: Mit 825 Metern absolviert sie den höchsten Passagierflug und bleibt mit 2 Stunden und 20 Minuten am längsten in der Luft. Am letzten Tag darf sie wegen erschwerter Wetterbedingungen nicht starten – als Einzige. Einer Frau sei das Risiko nicht zuzumuten, so die offizielle Begründung. Dennoch belegt Melli den fünften Platz und erhält ein Preisgeld von 2499 Mark. Die Presse ist begeistert. Der größte Triumph ist für Melli jedoch, als Wright-Chefpilot Paul Engelhard ihr persönlich gratuliert und – trotz seiner abwertenden Meinung zu Frauen als Fliegerinnen – ihre Leistungen würdigt.

Trotzdem fliegt Melli danach nicht mehr bei Wettbewerben. Im Januar 1912 gründet sie ihre eigene Flugschule zusammen mit dem Franzosen Boutard, der auch ihr erster Absolvent und Chefpilot wird. In einer öffentlichen Erklärung zur Gründung kritisiert Melli die Ausbildungsbedingungen, die sie selbst erfahren hat: »Ich bin von der Erwägung ausgegangen, daß es an der Zeit ist, den in vielen Beziehungen durchaus ungeregelten Zuständen in manchen Flugschulen dadurch ein Ende zu machen, daß ein wirklich ordnungsgemäß geleitetes und straff organisiertes Institut die Ausbildung zum Flieger nach festgesetzten Grundsätzen übernimmt.« Sie begrenzt von Anfang an die Schülerzahl, so dass alle regelmäßig fliegen können und die langen Wartezeiten entfallen. Außerdem ergänzt sie die Flugpraxis durch theoretische Einweisungen und praktische Arbeit in den Werkstätten. Die Schüler lernen an einer Rumpler-Taube, die Melli dem Werk abgekauft hat. Diese wird der Ausgangspunkt für ein von ihr selbst entwickeltes Flugzeug, die Melli-Beese-Taube, die Melli sehr viel günstiger als Rumpler verkauft. Mit Boutard entwickelt sie außerdem ein zerlegbares Flugzeug, ein Flugboot und den Melli-Beese-Monoplace-Boutard, eine kleine wendige Maschine, die Melli später als »direkten Vorläufer des ersten 1915/1916 herausgebrachten Fokker-Jagdflugzeuges« bezeichnet. Der Ausbruch des Ersten Weltkrieges unterbricht die Fertigstellung der bereits patentierten Modelle.

Im Januar 1913 heiratet Melli Boutard und nimmt damit dem geltenden Recht gemäß seine Nationalität an. Die Eheschließung mit einem Franzosen erregt am Vorabend des Krieges großen Unmut, doch für Melli ist bloß die abgeschirmte Welt des Flugplatzes von Bedeutung. Das Ehepaar zieht in die Trützschler-Villa (heute Sterndamm 82) unweit von Mellis ehemaliger Wohnung. Die Entscheidung für Boutard kommt Melli jedoch teuer zu stehen. Nach Kriegsausbruch sind die beiden plötzlich »feindliche Ausländer«. Sie dürfen den Flugplatz nicht mehr betreten, Ausbildung und Konstruktion werden eingestellt, Flugzeuge und Gerätschaften vernichtet oder beschlagnahmt. Boutard wird zunächst interniert, dann werden beide nach Wittstock an der Dosse ausgewiesen. Ihr Leben dort ist hart: Sie müssen sich selbst versorgen, haben jedoch kaum eigene finanzielle Mittel und die Gemeindeverwaltung stellt den Einwohnern bei einer Unterstützung der »Ausländer« schwere Strafen in Aussicht. Das Ehepaar wird gezwungen, bei einer Familie mit einer schwer an Tuberkulose erkrankten Tochter zu wohnen. Boutard steckt sich an. Rückblickend stellt Melli über diese schwere Zeit fest: »Wir standen jedoch vor einem zertrümmerten Leben, krank, aller eigenen Mittel und Besitztümer beraubt – *man hat uns buchstäblich zugrunde gehetzt.*«

Erst nach Kriegsende dürfen sie zurückkehren. Melli reicht Klage ein, um Schadensersatz für das beschlagnahmte Hab und Gut zu erhalten. Das Verfahren zieht sich jahrelang hin und die Entschädigung fällt schließlich der Inflation zum Opfer. Das Fliegen gibt Melli nicht auf. Sie versucht sich wieder in Johannisthal zu etablieren und plant einen Film über einen Flug um die Welt, findet jedoch keine Sponsoren. 1925 läuft ihre Fluglizenz aus. Bei der Prüfung für eine neue muss Melli feststellen, dass ihr die technische Entwicklung davongeeilt ist. Mit den neuen Flugzeugmodellen kann sie nicht umgehen, bei dem Prüfungsflug legt sie eine Bruchlandung hin. Damit darf sie nicht mehr in den Himmel. Auch die Ehe mit Boutard hält den Belastungen nicht stand – die beiden trennen sich. Am Ende lebt Melli allein in einer Pension in der Friedrichsruher Straße 30 in Steglitz. Sie ist 39 Jahre alt und das Fliegen, ihre Leidenschaft und ihr Lebensinhalt, ist ihr verwehrt. Am 22. Dezember 1925 erschießt sie sich. Kurz zuvor hatte sie auf einen Zettel geschrieben: »Fliegen ist notwendig, Leben nicht.«

Die erste deutsche Pilotin hat sich gegen viele Widerstände durchgesetzt und ihren Platz an der Spitze der Luftfahrtentwicklung behauptet. Viele Frauen folgten ihrem Beispiel. Mit ihrer Hartnäckigkeit und ihrem Engagement eroberte sich Melli Beese den Himmel.

• 1910 ist der Flugplatz Johannisthal nicht viel mehr als ein freies Feld. 1952 wird der Flugplatz geschlossen.

Louise Schroeder

»Louise! Louise!« – Im Sprechchor rufen die versammelten Menschen vor dem Rathaus Schöneberg im Mai 1949 ihren Namen. Zögerlich, überrumpelt, tritt die zierliche weißhaarige Politikerin auf den Balkon hinaus, Tränen der Rührung laufen über ihre Wangen. Am Tag zuvor ist die Blockade Westberlins beendet worden: fast ein Jahr lang Hunger, Kälte, Unsicherheit. Trotz aller Härten vertrauten die Menschen immer darauf, dass die »Mutter Berlins« schon für sie sorgen würde. In zahlreichen Briefen schilderten sie der amtierenden Oberbürgermeisterin ihre Nöte und Sorgen und Louise Schroeder beantwortete fast jedes Schreiben persönlich, sprach Trost, Mut und Kraft zu. Immer war ihr das Wohl der Menschen wichtiger als politische Intrige. Weder ihr Geschlecht noch ihre schwache Gesundheit hinderten die spätere Berliner Ehrenbürgerin daran, sich für soziale Belange einzusetzen – und für ein ungeteiltes Berlin.

Die Ehren-Berlinerin Louise Schroeder kommt am 2. April 1887 in Altona – zu dieser Zeit noch eine eigenständige Stadt bei Hamburg – in einer Arbeiterfamilie zur Welt. Karl Schroeder ist Bauarbeiter, seine Ehefrau Dorothea betreibt einen Gemischtwarenladen. In diesem Laden erledigt Louise gewissenhaft ihre Hausaufgaben. Ihre Eltern schicken das fleißige Mädchen als einziges ihrer Kinder auf die Mittelschule und finanzieren ihr nach dem Abschluss 1901 den Besuch einer kaufmännischen Gewerbeschule für Mädchen: Louise soll es später einmal besser haben. Sie erfüllt die Erwartungen ihrer Eltern und fängt mit 15 Jahren als Stenotypistin bei einer Versicherungsgesellschaft an, wo sie sich in den nächsten 16 Jahren unermüdlich zur Chefsekretärin hocharbeitet. Ihr Einkommen ist gesichert.

Doch die Büroarbeit schöpft Louises Fähigkeiten nicht aus. Durch ihren Vater, der aktives Mitglied der SPD ist, begreift sie schon als Kind, wie wichtig es ist, sich für soziale Gerechtigkeit zu engagieren. 1910 tritt sie selbst in den SPD-Ortsverband Altona-Ottensen ein, wo sie später auch Vorstandsmitglied wird. Frauen in der Politik sind zu dieser Zeit ein junges Phänomen und werden skeptisch beobachtet, ihnen überträgt man typisch weibliche Aufgabenbereiche – Bildung, Mutterschutz, Jugendarbeit. Louise geht in den sozialen Themen auf, arbeitet im Altonaer Fürsorgeamt und begründet die Arbeiterwohlfahrt mit. Nach

• Der Regierende Bürgermeister Ernst Reuter überreicht Louise Schroeder 1952 einen Geburtstagsstrauß.

»Meine Kraft gehört Berlin in einem ungeteilten Deutschland!«

dem Ende des Ersten Weltkriegs wird sie als eines der jüngsten Mitglieder – und als eine der wenigen berufstätigen Frauen – in die Weimarer Nationalversammlung gewählt. Für sie ist dies der »Moment, wo mein Leben einen vollkommen anderen Verlauf nahm, als ich es vorher absehen konnte«. Sie gibt ihre Büroarbeit auf, um sich voll und ganz der Politik zu widmen.

Ab 1920 ist Louise als Mitglied des Reichstages regelmäßig in Berlin. Sie wird Mitglied des sozialpolitischen Ausschusses, wo sie sich für die Gleichberechtigung der Frau, die Arbeitslosenversicherung und den Mutter- und Kinderschutz einsetzt. Die männlichen Abgeordneten nehmen diese Themen meistens nicht ernst, ebenso wenig wie die dafür engagierten Politikerinnen, die gern als »Klageweiber« tituliert werden. Louise kann damit umgehen. Sie wird von den anderen Mitgliedern des Ausschusses gern ans Rednerpult geschickt, da sie ihre Argumente sachlich und überzeugend präsentieren kann und sich von abfälligen Reaktionen und spitzen Fragen nicht aus der Ruhe bringen lässt. Der Reichstagspräsident Paul Löbe wird zu Louises Mentor und Vertrautem, mit dem sie sich oft bespricht. Da Louise ab 1925 auch an der Schule für Arbeiterwohlfahrt in Berlin lehrt, verlagert sich ihr Lebensmittelpunkt immer mehr in die Hauptstadt. Trotzdem engagiert sie sich weiterhin in Hamburg, darunter in der von ihr mitbegründeten »Altonaer Notgemeinschaft«, um durch die Inflation mittellos gewordene Menschen zu unterstützen.

Schon vor Hitlers Wahlsieg 1933 warnt Louise vor dem wachsenden Einfluss der Nationalsozialisten. Als im Reichstag am 24. März 1933 die Abstimmung zum Ermächtigungsgesetz ansteht, mit dem de facto die Verfassung außer Kraft gesetzt werden soll, redet sie den Mitgliedern der SPD-Reichstagsfraktion ins Gewissen, die aus Angst vor den bewaffneten SS- und SA-Angehörigen zögern, überhaupt zur Abstimmung zu gehen: »Auch du, Höltermann, hast hinüberzugehen und mit ›NEIN‹ zu stimmen wie wir alle. Ich sage euch, ich gehe, und wenn sie mich drüben in Stücke reißen.« Geschlossen stimmt die SPD-Fraktion gegen das Gesetz, doch das reicht nicht, um dessen Annahme zu verhindern. In der Folge werden alle Parteien außer der NSDAP verboten – Louise verliert wie all ihre Kollegen ihr Mandat.

Als Sozialdemokratin steht sie fortan unter scharfer Beobachtung: Sie muss sich zweimal täglich bei der Polizei melden, ihre Wohnung in Hamburg wird durchsucht, ihr wird der Anspruch auf Arbeitslosenunterstützung gestrichen. Um Geld zu verdienen, eröffnet sie 1934 einen Brotladen, verweigert aber den Hitlergruß und Hakenkreuzfahnen an ihrem Geschäft. 1938 muss sie wegen mangelnder Kundschaft schließen. Sie zieht nach Berlin und fängt dort 1939 in der Sozialabteilung einer Baufirma an. Ihre Gesundheit leidet zunehmend unter der Mangelernährung und der Anspannung. Löbe, der nach einiger Zeit im Gefängnis in einem Verlag untergekommen ist, unterstützt sie weiterhin und nimmt sie sogar bei sich auf, als Louise durch Bomben ihre Wohnung verliert. Ihr Arbeitgeber schickt sie 1944 zu einem Bauprojekt nach Dänemark, damit sie sich erholen kann. Erst nach Kriegsende kehrt sie nach Berlin zurück, gealtert, krank und müde. Die Zeit der nationalsozialistischen Diktatur wird für Louise immer verlorene Jahre bedeuten: »Ich müßte die zwölf Jahre jünger sein …«

Trotz ihrer schwachen Gesundheit engagiert sie sich nach ihrer Rückkehr sofort wieder in der neu gegründeten SPD. Mit ihrer Erfahrung ist sie unschätzbar und wird 1946 Mitglied des Parteivorstands. Mit ihrem Vorbild will sie Frauen dazu ermutigen, in der Politik tätig zu werden: »Das Leben der Frauen ist durch den Krieg und die Nachkriegsverhältnisse unvorstellbar hart geworden. (...) Ist schon aus diesen nächstliegenden Gründen die Mitarbeit von Frauen in Parlament und Verwaltung außerordentlich notwendig, so darf sie sich doch darauf allein nicht beschränken. Sie müssen versuchen, in den ganzen Kreis der kommunalen Aufgaben einzudringen.«

• Bei der letzten gemeinsamen Sitzung der Berliner Stadtverordneten im Juni 1948 kommt es zu tumultartigen Szenen. Louise Schroeder fordert die Demonstranten auf, den Saal zu verlassen.

Am 20. Oktober 1946 finden die ersten freien Wahlen zur Stadtverordnetenversammlung statt, aus denen die SPD als stärkste Partei hervorgeht. Als solche steht es ihr zu, neben dem Oberbürgermeister auch einen seiner Stellvertreter zu wählen. Louise wird überredet, für den Posten des Dritten Bürgermeisters zu kandidieren. Sie übernimmt wie üblich die sozialen Themen und kümmert sich darum, die Versorgung der Bevölkerung zu verbessern und Flüchtlingen zu helfen.

Zum Oberbürgermeister wählt man Otto Ostrowski, doch schon bald wird klar, dass er mit diesem Amt heillos überfordert ist. Als er sich immer öfter auf Kompromisse mit der Sowjetischen Militäradministration einlässt, fordern Parteimitglieder seine Ablösung. Als sein Nachfolger ist Ernst Reuter im Gespräch, aber niemand glaubt daran, dass der lautstarke Gegner der Sowjetunion von der sowjetischen Besatzungsmacht akzeptiert wird. Wenigstens als Stellvertretung des Oberbürgermeisters ist eine Alternative gefragt, jemand, der das Amt ausüben kann, ohne Anstoß zu erregen. Als bewährte Schlichterin fällt die Wahl auf Louise. Sie sträubt sich, als ihr neben den extensiven Pflichten des Dritten Bürgermeisters auch die Vertretung des Stadtoberhaupts übertragen werden soll. Sie ist nun 60 Jahre alt und fühlt sich der Aufgabe nicht gewachsen: »Man verlangt von mir, daß ich wie eine Junge arbeite und ich probiere es auch. (...) Es hindert aber auch nicht, daß man mir mit der Stellvertretung des Oberbürgermeisters eine neue, schwere Last auferlegen möchte, von der ich gar nicht recht weiß, ob ich sie tragen soll.« Aber sie ist es der Partei, ihrer »Familie«, schuldig. Am 8. Mai 1947 nimmt sie die Wahl an. Da Ostrowski nicht mehr im Amt ist, wird sie die erste und – bis heute – einzige Frau an der Spitze Berlins.

Ostrowskis Rücktritt wird im Juni durch die Alliierten gebilligt, wenig später Ernst Reuters Wahl zum neuen Oberbürgermeister erwartungsgemäß abgelehnt. Louise führt nun die Geschäfte des Oberbürgermeisters in dessen ständiger Stellvertretung. Trotzdem beraten sich die Westmächte bei wichtigen Entscheidungen mit dem charismatischen Reuter, der die Informationen über seine heimlichen Besprechungen nur sparsam mit Louise teilt und ihr damit die Arbeit erschwert. Während Reuter weiterhin auf Konfrontationskurs mit der sowjetischen Besatzungsmacht geht, hält es Louise für ihre Pflicht, sich gemeinsam mit allen Siegermächten für den Wiederaufbau zu engagieren.

1948 wird eine Teilung Deutschlands in West- und Ostzone immer wahrscheinlicher. Louise hört mit Erschrecken von der geplanten Währungsreform der Westalliierten. Auf dem Städtetag in Frankfurt im Mai, wo sie zur Präsidentin gewählt wird, äußert Louise ihre Bedenken: »Sorgen Sie dafür, daß die Reform uns nicht noch mehr trennt, als es schon heute der Fall ist. Das ist nicht nur eine Sorge für Berlin, sondern für ganz Deutschland.« In Berlin gilt die neue Westwährung zunächst nicht, doch die Sowjetische Militäradministration ordnet kurzfristig an, in ganz Berlin eine eigene Währungsreform durchzuführen. Als Reaktion erfolgt auch für die Westsektoren Berlins die Anweisung, die D-Mark auszugeben. Als sich Louise und die Stadtverordneten am 23. Juni zu einer außerordentlichen Sitzung im Neuen Stadthaus gegenüber dem Roten Rathaus einfinden, haben prosowjetische Demonstranten das Gebäude

besetzt und fordern eine einheitliche Währung für ganz Berlin. Louise wird niedergeschrien. Dennoch wird auf der Sitzung beschlossen, die sowjetische Währungsreform nicht in den westlichen Sektoren durchzuführen und dort stattdessen die D-Mark einzuführen. Nach Bekanntgabe dieser Entscheidung werden die Abgeordneten von den Demonstranten mit Steinen beworfen, Louise entkommt durch den Hinterausgang.

Am 24. Juni beginnt die Blockade. Westberlin wird von den anderen westlichen Besatzungszonen abgeschnitten, Nahrungsmittel und Rohstoffe werden schnell knapp. Die Westalliierten versorgen die Bevölkerung über eine Luftbrücke mit dem Notwendigsten. Auf Louises Schreibtisch landen zahlreiche Briefe – die Berliner vertrauen ihrer Oberbürgermeisterin ihre persönlichen Probleme an, teilen Geschichten von Hunger, Verhaftungen, Arbeitsverlust. Sie beantwortet nach Möglichkeit jeden Brief und spricht den Menschen Mut zu. Noch immer glaubt sie an eine gesamtdeutsche Zukunft. Auf einer Konferenz der Ministerpräsidenten im Juli wird über den Wunsch der Westalliierten nach einer demokratischen Verfassung für die westlichen Gebiete beraten. Louise drängt dazu, »den provisorischen Charakter des neuen Gebildes so stark zu betonen, daß dadurch die Tür für einen späteren Kompromiß mit dem Osten offen« bleibt. Ihre Argumente hinterlassen einen tiefen Eindruck bei den Anwesenden, verstimmen aber die Westmächte. In Berlin schließen sich die meisten Stadtverordneten inzwischen Reuters Meinung an, der es auf eine Kraftprobe mit der sowjetischen Besatzungsmacht ankommen lassen will. Zur nächsten Konferenz wird Reuter statt Louise geschickt.

Sie erkrankt in diesem Sommer und wird zur besseren ärztlichen Versorgung nach Hamburg ausgeflogen. Vom Krankenbett aus verfolgt sie alle Ereignisse in Berlin und lässt sich auch von ihrer besorgten Sekretärin keine Berichte vorenthalten. Im November kehrt sie zurück – inzwischen ist die Stadtverordnetenversammlung nach weiteren Störungen durch Demonstranten aus dem Ostsektor in das Rathaus Schöneberg umgezogen. Am 5. Dezember finden wieder Wahlen statt. Diesmal kann Reuter sein Amt offiziell antreten und löst Louise ab, die seine Stellvertreterin wird. Die Blockade Westberlins endet im Mai 1949. Louise ist noch bis Anfang 1951 Bürgermeisterin und bleibt bis zu ihrem Tod Mitglied des Bundestags. Im Winter 1956/57 wird sie wieder schwer krank und darf nur anlässlich ihres 70. Geburtstags im April für wenige Stunden das Krankenhaus verlassen – um als erste Frau die Ehrenbürgerwürde Berlins entgegenzunehmen. Zwei Monate später, am 4. Juni 1957, stirbt sie. Die »Mutter Berlins« gerät in den Wirren der folgenden Jahrzehnte in Vergessenheit – zu Unrecht. Nie hat sich Louise Schroeder in den Vordergrund gedrängt, doch mit ihrer Fürsorge und Beharrlichkeit hat sie Berlin durch krisengeplagte Jahre geführt.

• Allein unter Männern: Auf der Rittersturzkonferenz im Juli 1948 diskutierte Louise Schroeder mit den Ministerpräsidenten der westlichen Bundesländer über die Bedingungen zur Gründung eines westdeutschen Staates.

Valeska Gert

Sie stirbt. Auf der Bühne. In einem langen schwarzen Kleid steht Valeska Gert reglos im Scheinwerferlicht und nur ihre Hände winden sich, im ausdrucksvollen Gesicht spielt sich der Kampf zwischen Angst und Akzeptanz ab. Mit wenigen Gesten Leben oder Tod ausdrücken – das kann nur diese revolutionäre Tänzerin, die gegen die Bühnentradition von Anmut und Schönheit Realität und Hässlichkeit setzt. Ihre einzigartigen Tanzpantomimen reißen die Zuschauer zu Wutschreien oder Jubel hin, ihre Kabarettauftritte sind legendär. Die Performerin, die auch den Verkehr einer Berliner Straßenkreuzung tanzen kann, bleibt bis zu ihrem Tod innig mit ihrer Geburtsstadt verbunden, auch wenn sie im Nationalsozialismus als »entartete« Künstlerin das Land verlassen muss.

Bei ihrer Geburt am 11. Januar 1892 in der Alten Jakobstraße in Berlin-Kreuzberg heißt sie noch Gertrud Valesca Samosch. In der jüdischen Kaufmannsfamilie, in der sie und ihr jüngerer Bruder Hans aufwachsen, ist es die Mutter, die Valeska früh fürs Tanzen begeistert. Mit sieben Jahren wird die Tochter erstmals zum Tanzunterricht geschickt und steht bald darauf für eine Wohltätigkeitsveranstaltung auf der Bühne. Trotz Lampenfieber ist Valeska hinterher wie besessen: »Ich drehte mich und verlor jedes Bewußtsein von mir. Die Bewegungen kamen von selbst, sie flossen aus meinem Körper. Ich geriet in Ekstase.« Diese Ekstase wird ihr Leben verändern. Zusammen mit ihrer Mutter besucht Valeska Tanzabende der russischen Ballerina Anna Pawlowa und eifert ihr nach. Alles andere langweilt sie – in der Schule fällt sie durch exzentrisches Verhalten auf, sie zieht im Unterricht die Röcke aus oder erscheint mit weiß gepudertem Gesicht und blutroten Lippen. Ihre Begründung: »Es war bunter.«

Nicht weniger als für grelle Schminke begeistert sie sich für ausgefallene Mode: »Knallrot oder orange mußte das Kleid sein. Ich drückte einen schwarzen Hut tief auf meinen Kopf, Straußenfedern hingen über die Stirn, vor dem Gesicht ein dichter schwarzer Schleier, kalkweiß gepudert, blutrot gefärbte Lippen; so wandelte ich über den Kurfürstendamm.« Wenn sie von Männern angesprochen wird, gibt sie sich jedes Mal als eine andere Frau aus und genießt das Rollen-Spiel. Ihr Vater ist wenig angetan, es kommt zu Streitigkeiten in der Familie. Um nach Beendigung der Schule Geld zu verdienen, schreibt Valeska Artikel für verschiedene Modezeitschriften – aber wenn sie im Plauderton Texte über Haarnadeln oder die

• Valeska Gert parodiert eine Koloratursängerin, um 1925.

»Ich will leben, auch wenn ich tot bin.«

Anwendung von Puder verfasst, treibt sie den gängigen Schreibstil derartig auf die Spitze, dass er zur Parodie wird.

Als der Vater das Familienvermögen bei Spekulationen verliert, muss Valeska mehr Geld verdienen – die gelegentlichen Schreibaufträge reichen nicht mehr. Nach einigen Ausflügen in bürgerliche Berufe – Valeska arbeitet unter anderem als Hilfskrankenschwester und als Bürokraft – tanzt sie am Deutschen Theater vor. Ihr stürmischer Auftritt ruft allerdings eher Stirnrunzeln hervor, ihr wird nahegelegt, es doch lieber mit der Schauspielkunst zu probieren. Sie ist skeptisch, zeigt sich aber pragmatisch: »Wenn man schon Geld verdienen muß, dann lieber im Theater als im Büro …« Ihr Vorsprechen bei der Schauspielschule von Maria Moissi verläuft weitaus erfolgreicher. Zum halben Honorar wird sie 1915 als Schülerin aufgenommen und trifft sich nun regelmäßig mit anderen Mädchen in Marias Wohnung zum Üben. Valeska blüht auf und legt den letzten Rest Zurückhaltung ab. Doch den Tanz gibt sie nicht auf. Maria vermittelt ihre gelehrige Schülerin 1916 an die Tänzerin Rita Sacchetto für eine Werbevorführung ihrer Tanzschule. Valeska entwickelt für die Schau einen »Tanz in orange«, bei dem sie in orangefarbenen Pluderhosen und mit gelb geschminkten Augen auftritt. Gelangweilt von den Auftritten der Tänzerinnen vor ihr, stürmt sie wild über die Bühne und karikiert die anmutigen Bewegungen ihrer Vorgängerinnen, ihr Publikum immer wieder mit neuen Wendungen überraschend. Als sie die Bühne verlässt, sind die Zuschauer im Aufruhr – »Der Tanz war ein Funke im Pulverfaß« – und Valeska hat Geschmack daran gefunden, zu parodieren und zu polarisieren.

Diese Wirkung entwickelt sie zusammen mit einer Freundin bei einem anschließenden Gastspiel in einem Kino am Nollendorfplatz weiter. Zwischen den gezeigten Filmen präsentieren sie »groteske Tänze« und erregen damit so viel Aufsehen, dass das Theater nach wenigen Tagen ihr Programm erweitert. Die Zuschauer jubeln und buhen die Tänzerinnen aus, applaudieren und werfen mit Gegenständen, doch das spornt Valeska nur noch mehr an: »Für mich war der Krach Lebenselement, ich wollte die Menschen in Bewegung bringen, je mehr sie brüllten, desto kühner wurde ich.« Ihre Kühnheit spaltet die Zuschauer in glühende Anhänger und empörte Verächter. Nach einem solchen fulminanten Auftritt kommt ein junger Mann in Valeskas Garderobe, der sie »ein seltsames Tier« nennt – es ist der Medizinstudent Helmuth von Krause, den sie zwei Jahre später heiratet.

Ihre Schauspiellehrerin vermittelt Valeska 1916 auch ein Engagement an den Münchener Kammerspielen, doch es befriedigt sie nicht, kleinere Rollen zu spielen. Als exzentrische Tänzerin ist sie in München viel gefragter, hier tritt sie auch das erste Mal in einem Kabarett auf. 1918 geht sie für ihre erste Auslandstournee nach Bukarest. Parallel hält sie immer nach neuartigen Inszenierungen am Theater Ausschau, an denen sie mitwirken kann, so Oskar Kokoschkas Groteske »Hiob« und Ernst Tollers »Die Wandlung«. Selbst diese umstrittenen Aufführungen sind ihr jedoch nicht radikal genug. 1923 kündigt sie ein neues Theater an, »das Theater des reinen Menschen«, das sich auf die Darsteller und deren Spiel konzentrieren soll, ohne aufwendige Kulissen oder Kostüme. Zur Demonstration inszeniert sie Oscar Wildes »Salome« mit sich selbst in der Hauptrolle – alle Schauspieler treten weiß gepudert auf und sprechen in schlichten farbigen Hemden vor einem schwarzen Hintergrund ihren Text. Valeskas angestrebte Theaterrevolution trifft jedoch auf Unverständnis: Das Premierenpublikum lacht die Darsteller aus, die daraufhin eine zweite Aufführung verweigern.

Neben der Bühne entdeckt Valeska den Stummfilm für sich. 1924 spielt sie den Puck in Hans Neumanns Parodie von Shakespeares »Ein Sommernachtstraum«, das neue Medium stößt sie aber zunächst ab: »Alle meine Lebensregungen, die bis jetzt auf der Bühne immer gerade nur diesen einen Moment dauerten, sollten nun endgültig festgehalten und vervielfältigt werden.« Mit ihrer Rolle als

• Tanz auf dem Vulkan: Berliner Veranstaltungsplakat, 1917

schmierige Kupplerin in »Die freudlose Gasse« von Georg Wilhelm Pabst lernt sie den Film jedoch zu schätzen und tritt immer wieder vor die Kamera, wo sie durch ihre lebhafte Mimik besticht. Sie entwickelt auch ihre Tänze weiter – 1926 erfindet sie den »Tontanz«, bei dem sie wortlose Laute in ihren Tanz einflicht: »Man brüllt seinen Kummer, jubelt seine Freude, stöhnt seine Liebe.« Ihr Repertoire an Themen und Motiven wächst beständig: Sie tanzt »Nervosität«, »Boxen«, eine »Kupplerin«, den Verkehr einer Straßenkreuzung und den einer Prostituierten. 1929 reist sie zu Gastauftritten nach Russland, wo sie begeistert aufgenommen wird. Dort lernt sie den Regisseur Sergej Eisenstein kennen, mit dem sie eine komplizierte Beziehung beginnt.

Obwohl Valeska inzwischen eine Berühmtheit ist, wird es für sie zunehmend schwieriger, Auftritte zu bekommen – die Nationalsozialisten gewinnen in Deutschland immer mehr an Einfluss und Valeska wird als Jüdin und Russland-Sympathisantin nicht gern gesehen. Dennoch blickt sie optimistisch in die Zukunft. Sie hat große Pläne, will nicht nur Tänzerin, sondern im Alter auch Regisseurin und Kritikerin werden. »Das Leben ist herrlich!«, konstatiert sie 1931. Bald muss sie ihr Urteil jedoch revidieren. Ihr erstes eigenes Kabarett »Kohlkopp«, das sie 1932 in einem ehemaligen Autogeschäft in der Budapester Straße unweit des Berliner Zoos eröffnet, erntet gemischte Kritiken und muss nach drei Monaten schließen, als der Mietvertrag nicht verlängert wird. Die nationalsozialistische Hetze gegen sie wird immer schlimmer. Ihre Kunst gilt als entartet – eine Broschüre, in der

• Valeska Gert in den 1950er-Jahren

Reichspropagandaminister Joseph Goebbels den »verderbenden Einfluss der Juden« anprangert, wird auch mit Bildern von ihr illustriert. Selbst Valeskas geliebter Ferienort Kampen auf Sylt ist nicht mehr sicher, denn 1933 kommt ausgerechnet Hermann Göring zu Besuch und wird zum Ehrenbürger von Kampen ernannt. Im selben Jahr wird über Valeska ein Auftrittsverbot verhängt. Sie reist zu Gastspielen ins Ausland, vor allem nach England, und wird dort gefeiert. In ihrem Berlin fühlt sie sich zunehmend unwohl. 1935 wird die Ehe zwischen ihr und Krause geschieden – wohl auch auf staatlichen Druck hin. Valeska heiratet ihren englischen Manager Robin Anderson, womit sie die englische Staatsbürgerschaft erlangt. London stellt sie jedoch nicht zufrieden. Als ihr 1938 ein amerikanischer Manager einen Vertrag zusichert und sie mit Tickets nach New York ausstattet, packt Valeska kurzerhand ihre Koffer und macht sich auf den Weg.

Ihre Ankunft in den USA steht unter einem schlechten Stern. Der Manager, der sie unter Vertrag nehmen wollte, stirbt an einem Schlaganfall; ein Abstecher nach Hollywood braucht zwar ihr letztes Geld auf, bringt ihr jedoch keine Beschäftigung; sie muss sich an den National Refugee Service wenden, um über die Runden zu kommen. 1941 eröffnet sie die »Beggar Bar« in New York – eine bunt eingerichtete Kellerbar ohne Schanklizenz, dafür aber mit Kabaretteinlagen durch die Kellner und Valeska selbst. Viele Künstler, darunter der noch unbekannte Schriftsteller Tennessee Williams, treten bei ihr auf und die Bar wird bald zum Geheimtipp. 1945 verliert Valeska die Kabarettlizenz im Streit mit den Behörden um einen Eierlikör-Cocktail und muss ihre Bar schließen. Ein Jahr später versucht sie es noch mal mit dem Kabarett-Restaurant »Valeska's« in Provincetown, muss jedoch schon nach dem ersten Sommer aufgeben. Nach Kriegsende hält sie nichts mehr in den USA – 1946 lässt sie sich ein Visum für die Schweiz ausstellen, wo sie ein Jahr später nach mehreren Umwegen eintrifft. Während sie auf das deutsche Einreisevisum wartet, eröffnet sie in Zürich das »Café Valeska und ihr Küchenpersonal«, das durchschlagenden Erfolg hat. Nach nur wenigen Monaten muss Valeska jedoch wieder schließen, da Organisationsprobleme den gesamten Betrieb sabotieren.

1948 kehrt sie endlich nach Berlin zurück und versucht es wieder mit dem bewährten Erfolgskonzept der Kabarett-Bar. Den Keller der Städtischen Oper in Charlottenburg, wo sie sich mit »Valeska« zuerst einrichtet, muss sie schon ein Jahr später aufgeben. 1950 zieht sie in die Paulsborner Straße 94 in Wilmersdorf und eröffnet die »Hexenküche«, die sich einige Jahre hält. Mit Nummern wie »Ilse Koch« über die berüchtigte Ehefrau des Kommandanten des Konzentrationslagers Buchenwald erregt sie viel Aufsehen, kann jedoch nicht an ihre früheren Erfolge anknüpfen – der Zeitgeist ist ein anderer und Valeska fällt es schwer, sich auf das aktuelle Publikum einzustellen. Das Geld geht ihr aus, 1956 muss sie das Kabarett schließen.

Wieder ist Kampen ihr Zufluchtsort. In dem Ferienhaus, das noch ihr erster Ehemann für sie errichten ließ, eröffnet sie 1951 den »Ziegenstall«, wo sie nun bis zu ihrem Tod in jedem Sommer ein buntes Kabarettprogramm veranstaltet – diesmal allerdings ohne eigene Auftritte: »Ich trete hier nicht auf, denn wenn ich hier auftrete, dann sind die Leute an mich gewöhnt und dann kommen sie nicht mehr, wenn ich nicht auftrete, und dann trete ich gleich nicht auf.« Sie zieht sich jedoch nicht zurück, sondern konzentriert sich stärker auf Filmrollen. Für ihr Lebenswerk erhält sie 1970 den Deutschen Filmpreis. Bis ins hohe Alter bleibt sie vital und unternehmungslustig. Wenn sie sich beklagt, dann über die Einsamkeit in Kampen: »Kein Aas besucht mich hier, ich liege brach und verfaule bei lebendigem Leib.« Zwei Wochen vor ihrem Tod unterschreibt sie noch den Vertrag über ihre Mitwirkung am Film »Nosferatu« von Werner Herzog, in dem sie den Diener Renfield spielen soll. Am 18. März 1978 findet man sie dann tot im »Ziegenstall« vor. Auf der Bühne ist sie schon oft gestorben – diesmal ist aus dem Spiel Realität geworden. Bis zum Schluss provozierte und inspirierte die wegweisende Performance-Künstlerin mit allem, was sie tat – eine Verkörperung der Goldenen Zwanziger Berlins.

Marga Meusel

1936 fragt Marga Meusel bei allen diakonischen Anstalten in Deutschland an, ob sie auch »nichtarische« evangelische Christen als Schüler aufnehmen würden. Die Antworten sind ernüchternd: Von 18 Anstalten sind nur drei dazu bereit, noch dazu unter Vorbehalt. Auch Margas Bemühungen um die Einrichtung einer Hilfsstelle für jüdische Christen in Zehlendorf bleiben erfolglos. Die offiziellen kirchlichen Stellen, an die sie sich wendet, wollen es sich nicht mit dem nationalsozialistischen Regime verscherzen und halten sich bedeckt. Die Sozialfürsorgerin Marga Meusel kann das nicht akzeptieren. Nachdem ihre Anfragen und Appelle auf taube Ohren stoßen, ergreift sie selbst die Initiative. In aller Stille versorgt sie jüdische Christen mit Lebensmitteln und Unterkunft, versteckt sie vor der Gestapo und organisiert Lehrstellen. Die große Gefahr für ihr eigenes Leben nimmt sie dabei stoisch in Kauf.

Margarete Meusel wird am 26. Mai 1897 im schlesischen Falkenberg geboren. Nach Abschluss der Schule hilft sie einige Zeit im Elternhaushalt aus und arbeitet im Büro des Amtsgerichts, bevor sie sich Schritt für Schritt zur Sozialfürsorgerin qualifiziert. So absolviert sie zunächst eine Ausbildung als Krankenpflegerin und arbeitet dann als Kreisfürsorgerin sowie Wohlfahrtspflegerin. Um sich in der sozialen Arbeit weiterzubilden, besucht sie 1927 ein Jahr lang die Deutsche Akademie für soziale und pädagogische Frauenarbeit in Berlin-Schöneberg. Anschließend lernt sie bis 1930 in der – wie die Akademie von Alice Salomon begründeten – »Sozialen Frauenschule«. Danach bleibt sie in Berlin. Im August 1932 übernimmt Marga die Leitung des Evangelischen Bezirkswohlfahrtsamtes in Zehlendorf. Dort berät sie Obdachlose, Alkoholiker, ledige Mütter – und ab 1933 auch immer öfter christlich getaufte Juden, die unter den Nationalsozialisten ihre Lebensgrundlage verloren haben.

Marga erlebt die Auswirkungen der nationalsozialistischen Gesetzgebung in ihrem Familien- und Freundeskreis mit. Mit dem Inkrafttreten des »Gesetzes zur Wiederherstellung des Berufsbeamtentums« im April 1933 verliert der Ehemann ihrer Cousine seine Anstellung als Pfarrer. Auch ihre früheren Lehrerinnen an der Akademie sind betroffen, darunter Alice Salomon selbst. Margas Freundin Charlotte Friedenthal kann nicht mehr als Wohlfahrtspflegerin arbeiten – kurzerhand stellt Marga sie als ehrenamtliche Mitarbeiterin ein. Die von den Nationalsozialisten propagierte »Rassenhygiene« entsetzt Marga, so auch das »Gesetz zur Verhütung erbkranken Nachwuchses«, das im Juli 1933 Zwangssterilisationen bei schwer

• Marga Meusel als Leiterin des Evangelischen Bezirkswohlfahrtsamtes in Zehlendorf

»Gibt es vor Gott ›unwertes Leben‹?«

psychisch oder physisch Erkrankten erlaubt. Für sie ist diese Gesetzgebung nicht vereinbar mit dem christlichen Glauben: »Gibt es vor Gott ›unwertes Leben‹?« Im Kirchenkampf – dem Konflikt zwischen der regimetreuen Mehrheit der evangelischen Pfarrer und den wenigen, die den totalen Machtanspruch des NS-Staates ablehnen – stellt sie sich daher auf die Seite der Opposition, der »Bekennenden Kirche«, die eine »Gleichschaltung« der evangelischen Kirche mit dem nationalsozialistischen Staat ablehnt.

Um die Christen jüdischer Herkunft besser unterstützen zu können, will Marga 1934 eine eigene Beratungsstelle für sie einrichten. Sie überzeugt den Spandauer Superintendenten Martin Albertz von ihren Plänen, der sich mit der Bitte um Schirmherrschaft an Friedrich von Bodelschwingh, den Leiter der Bethel-Anstalten für psychisch Kranke, wendet. Dieser sagt jedoch wegen anderer Verpflichtungen ab. Marga ist schwer enttäuscht, denn sie sieht die Notwendigkeit für ein solches Projekt tagtäglich bei ihrer Arbeit. Auch Pfarrer Theodor Wenzel, den sie Anfang 1935 um Unterstützung bittet, lehnt ab. Um die schwierige Situation der Betroffenen bekannt zu machen und die Innere Mission zum Handeln aufzufordern, verfasst Marga einen Artikel über »Die Aufgaben der Inneren Mission an den nichtarischen Christen«. Ihr ist bewusst, dass ihr kontinuierlicher Einsatz sie gefährdet: »Ich bin mir völlig darüber im Klaren, dass ich nur Unannehmlichkeiten davon haben kann, sogar – was ich für wesentlich bedeutsamer halte – sich diese Unannehmlichkeiten auf das Amt auswirken könnten.« Sie fühlt sich jedoch »mit verantwortlich« dafür, die Menschen aufzurütteln und Hilfe zu organisieren.

Nachdem ihr Artikel bei der Zeitschrift »Innere Mission« abgelehnt wird, verfasst sie eine Denkschrift zum selben Thema. In der »Denkschrift über die Aufgaben der Bekennenden Kirche an den evangelischen Nichtariern« schildert sie konkrete Beispiele der Not leidenden »Nichtarier« aus ihrem Arbeitsalltag und fordert die Bekennende Kirche zur Solidarität mit ihnen auf. Zwar betont sie, dass es nicht um politische Opposition geht, doch wiegt für sie der »Weg des Gehorsams und des Glaubens« stärker als die Gesetzgebung der Regierung: »Viele Tausende evangelische Nichtarier warten schon lange auf ein solches Wort der Bekennenden Kirche, das ihnen beweist, daß sie ganz zu uns gehören als unsere Brüder und Schwestern.« Über Albertz leitet Marga die zehnseitige Denkschrift an kirchliche Stellen weiter, doch das Thema wird selbst von der kirchlichen Opposition nicht aufgenommen. Auch die im selben Jahr entstandene Denkschrift »Zur Lage der deutschen Nichtarier« von der Pädagogin Elisabeth Schmitz – die lange Zeit Marga zugeschrieben wurde – bleibt ohne Konsequenzen.

Ohne Unterstützung von oben bleibt Marga nichts anderes übrig, als privat tätig zu werden. Ihre Anfragen nach der Aufnahme von Auszubildenden ohne »Ariernachweis« bei diakonischen Einrichtungen werden größtenteils negativ beantwortet. Marga lehnt es aber ab, Ausbildungsmöglichkeiten eigens für die »Nichtarier« einzurichten: »Müßte es nicht vielmehr den Mutterhäusern und allen evangelischen Ausbildungsstätten klargemacht werden, daß sie als Anstalten der Inneren Mission keinen Unterschied machen dürfen zwischen Ariern und Nichtariern, wenn sie nicht gegen die ersten Grundsätze evangelischer Arbeit verstoßen wollen?« Sie setzt ihre riskante Arbeit fort, versorgt untergetauchte christliche Juden mit Lebensmitteln und Papieren und stellt weitere entlassene Fürsorgerinnen als Praktikantinnen oder ehrenamtliche Mitarbeiterinnen ein. Ihrem Vorgesetzten, dem Dahlemer Pfarrer Martin Niemöller, der selbst einer der führenden Köpfe des kirchlichen Widerstandes ist, schreibt sie: »Wenn man uns mal an die Karre fährt: Ich erwarte nicht, dass Sie uns rauspauken. Ich stehe für das, was ich tue, grade.«

1938 gelingt es dem Kaulsdorfer Pfarrer Heinrich Grüber, eine Hilfsstelle für christliche Juden einzurichten. Das »Büro Pfarrer Grüber« wird zu einem deutschlandweiten Netzwerk, das Juden vor allem bei der Auswanderung unterstützt. 1940 wird Marga angeboten, in den Beirat einzutreten, sie lehnt jedoch ab, weil sie befürchtet, Schwierigkeiten mit ihren Vorgesetzten zu bekommen. Im selben Jahr wird das Büro auf Druck der Gestapo aufgelöst, viele Mitarbeiter deportiert. Marga selbst wird 1943 wegen antinazistischer Äußerungen denunziert. Sie entgeht der drohenden Gefahr nur knapp, indem der Lichterfelder Superintendent Max Diestel sich für sie einsetzt und die Denunziantin zum Widerrufen ihrer Aussage bewegt.

Nach dem Ende des nationalsozialistischen Regimes ist Marga geistig und körperlich erschöpft. Die Nachkriegspolitik der evangelischen Kirche enttäuscht sie. Verbittert schreibt sie: »Gegen heute war es wirklich eine schöne Zeit, als wir ungehindert durch kirchliche Zentralen im dritten Reich unsere Arbeit tun konnten, trotz aller Bedrängnis und aller Angst.« Sie arbeitet weiterhin im Bezirkswohlfahrtsamt, fühlt sich jedoch den Belastungen nicht mehr gewachsen und strebt eine andere Beschäftigung an. Dazu kommt es jedoch nicht mehr. Am 16. Mai 1953 stirbt sie vereinsamt in Berlin. Für ihren Einsatz während der Hitler-Zeit wird sie 2006 von Yad Vashem als »Gerechte unter den Völkern« geehrt. Der Name Marga Meusel ist heute nicht mehr vielen bekannt – sie wirkte im Verborgenen, rettete aber unzähligen Menschen das Leben, ohne auf ihr eigenes zu achten. Die Gebote Gottes galten ihr mehr als die Gesetze eines menschenverachtenden Regimes.

• Das Bezirkswohlfahrtsamt, in dem Marga Meusel über 20 Jahre arbeitete, befand sich im Gemeindehaus der Zehlendorfer Paulusgemeinde am Teltower Damm.

Marlene Dietrich

Als der »Blaue Engel« am 1. April 1930 im Gloria-Palast am Kurfürstendamm seine Premiere feiert, ist die halbe Stadt auf den Beinen. Die teuren Karten sind seit Tagen ausverkauft, vor dem Kino drängen sich Schaulustige, um die prominenten Gäste zu bestaunen. Unter den internationalen Größen sticht eine wunderschöne Frau im weißen Pelzmantel heraus – Marlene Dietrich, noch vor kurzem eine eher unbekannte Schauspielerin, jetzt der neue aufstrebende Star mit einem Vertrag von Paramount in der Tasche. Mit ihrem berühmten verschleierten Blick und den wohlgeformten Beinen verdreht sie bald nicht nur dem Berliner Premierenpublikum die Köpfe, sondern Millionen von Zuschauern auf der ganzen Welt. Gemeinsam mit ihrem langjährigen Regisseur Josef von Sternberg erschafft sie den unsterblichen Mythos Marlene Dietrich.

Der Mythos heißt bei der Geburt Marie Magdalene. Die zweite Tochter eines Polizeileutnants kommt am 27. Dezember 1901 in der Sedanstraße (heute Leberstraße) in Schöneberg zur Welt. Ihre Kindheit verbringt Marlene unter der strengen Aufsicht ihrer Mutter, die dem koketten Mädchen vor allem Pflichtbewusstsein und Gehorsam anerziehen will. Es ist die Großmutter, die in Marlene die Sehnsucht nach »schönen Dingen« weckt – nach edlen Kleidern, Schmuck und Schminke, Aufmerksamkeit. Schon früh wird der von Jungs umschwärmten Marlene – wie sie sich selbst nennt – bewusst, dass ihre Schönheit ihr wichtigstes Kapital ist. Die Mutter wirft ihr vor, »mannstoll« zu sein, und will aus ihr eine respektable Musikerin machen. 1919 geht Marlene nach Weimar, um weiter an ihren Geigenkünsten zu feilen – nach einer mutmaßlichen Affäre mit ihrem Musiklehrer holt ihre Mutter sie aber schleunigst wieder nach Berlin zurück.

In Berlin studiert Marlene an der Musikakademie. Ihre Mutter, inzwischen zweifache Witwe, beobachtet das Treiben ihrer jüngsten Tochter mit Argusaugen, kann sie aber nicht vor der lockeren Moral der 1920er-Jahre abschirmen. In dieser Zeit ist es nicht ungewöhnlich, dass Marlene Affären hat, mit Männern wie mit Frauen, und in zwielichtigen Etablissements verkehrt. Ab 1922 besucht sie die Schauspielschule von Max Reinhardt. Kleine Bühnenrollen bringen jedoch nur wenig Geld ein, so dass sie ihre Finanzen durch Werbeaufnahmen für Schuhe oder Strümpfe aufbessert, wo sie ihre schönen Beine zur Schau stellt. Diesen verdankt sie auch ihr Engagement bei den sogenannten Thielscher-Girls, einem Kabarett leicht bekleideter Mädchen, das durch Deutschland

• Der Vamp: Marlene Dietrich in dem Film »Blonde Venus« von 1932 tourt und sich großer Beliebtheit erfreut. Auch bei ihren Auftritten im Theater besticht sie eher durch ihr Aussehen als durch schauspielerisches Talent.

Nebenher bessert Marlene ihr Einkommen auch durch Filmrollen auf. Beim Vorsprechen für den Film »Tragödie der Liebe« lernt sie Rudolf Sieber kennen, den sie am 17. Mai 1923 heiratet. Das Paar zieht in die Kaiserallee, 1924 kommt das erste und einzige Kind Maria zur Welt. Auch als Ehefrau und Mutter führt Marlene ihr freizügiges Leben weiter, geht in angesagten Lesbenbars ein und aus und hat Affären mit Filmpartnern. Sieber arrangiert sich mit dem Lebensstil seiner Ehefrau, die mit zunehmendem Erfolg ihre Familie finanziell versorgt und vor allem Maria nach Kräften verwöhnt. Von Scheidung ist nie die Rede. Rückblickend beschreibt Marlene kameradschaftliche Zuneigung und gegenseitiges Vertrauen als Basis ihrer Beziehung: »Er war nett, er war sanft, er gab mir das Gefühl, ich könnte ihm vertrauen, und dieses Gefühl blieb während der ganzen Jahre unserer Ehe bestehen.«

Auf der Bühne kennt man Marlene inzwischen als Kokotte, meistens mit einem frivolen Monokel im Auge. Als Sängerin wird sie 1928 in der Revue »Es liegt in der Luft« bekannt – zusammen mit Margo Lion tritt sie in der Nummer »Schwestern« auf, die reich an lesbischen Anspielungen ist. Die Kritik ist begeistert. Im Stummfilm wird sie für die Sparsamkeit ihrer Gesten gerühmt, für ihren geheimnisvollen Wimpernaufschlag und die kühle Ruhe, die sie ausstrahlt. Jetzt schon wird sie mit der schwedischen Schauspielerin Greta Garbo verglichen, mit der sie sich später auch in Hollywood immer wieder messen muss.

1929 wird das Jahr, das Marlenes Leben verändert. Der amerikanische Regisseur Josef von Sternberg sieht sie bei einem Theaterauftritt und ist sofort überzeugt, dass sie die perfekte Besetzung für die weibliche Hauptrolle in seinem aktuellen Filmprojekt für die Ufa ist – eine Verfilmung von Heinrich Manns »Professor Unrat«, die der erste deutsche Tonfilm werden soll. Beim Vorsprechen zeigt sich Marlene unbeeindruckt von dem international berühmten Regisseur, weil sie denkt, es handele sich wieder um eine kleine Nebenrolle. Diese Gleichgültigkeit überzeugt Sternberg endgültig und er engagiert sie für die weibliche Hauptrolle: Lola Lola, eine Tingeltangel-Sängerin, die den Gymnasialprofessor Rath ins Verderben stürzt. Bei den Dreharbeiten lässt sich Marlene bereitwillig auf alle Regieanweisungen ein und ordnet sich von Sternbergs Vision völlig unter: »Ich wußte nicht, was ich tat. Ich versuchte nur zu tun, was er mir sagte.« Er bezieht sie dafür in den Prozess des Filmemachens ein, erklärt ihr die Kameraführung und zeigt ihr die Arbeit am Schneidetisch. Sternberg ist hingerissen von Marlenes Schönheit, ihrer Formbarkeit und ihrem Berliner Charme – die beiden werden ein Paar und Marlene drängt nach und nach den eigentlichen Star des Films, Emil Jannings, in den Hintergrund.

»Der blaue Engel« wird ein großer Erfolg, bei der Berliner Premiere im April 1930 wird Marlene bejubelt. Das von ihr im Film gesungene Lied »Ich bin von Kopf bis Fuß auf Liebe eingestellt« erlangt rasch Kultstatus. Direkt im Anschluss an die Premiere im Gloria-Palast bricht Marlene in die USA auf – Sternberg hat sie als neuen Star an die Paramount-Studios in Hollywood vermittelt. Dort dreht sie unter seiner Regie das Liebesdrama »Marokko« mit Gary Cooper, für das sie als beste Hauptdarstellerin für den Oscar nominiert wird. Der Film macht sie auf einen Schlag weltberühmt. Hollywood liebt Marlene, die sich mit Hilfe ihres Geliebten und Mentors stets gut zu inszenieren weiß und durch ihre extravagante Kleidung von sich reden macht – mit Auftritten im Frack setzt sie neue Modetrends für Frauen. Sie dreht noch fünf weitere Filme mit Sternberg, die ihr Diven-Image festigen. Paramount erhöht kontinuierlich ihre Gage, die Marlene großzügig mit ihrer Familie in Berlin und mit Freunden teilt. 1931 holt sie Maria zu sich in die USA. Sie hat wechselnde männliche und weibliche Liebhaber, weiß aber Skandalgeschichten in der Presse zu verhindern, indem sie sich immer wieder auch mit ihrem Ehemann zeigt – von dem sie sich nie offiziell scheiden lässt. Im Gegensatz zu Sieber kann von Sternberg jedoch nicht mit Marlenes Affären umgehen.

• The sensation of the screen: Auf dem amerikanischen Filmplakat zum »Blauen Engel« ist neben dem Star Marlene Dietrich Emil Jannings in der Rolle des Professor Rath zu sehen.

Obwohl sie ihm beim Dreh jeden Wunsch erfüllt und seine bisweilen tyrannische Regie ohne Klagen erträgt, kommt es 1935 zum Bruch zwischen ihnen. Damit geht für Marlene eine Ära zu Ende.

Es fällt ihr schwer, sich auf einen anderen Regisseur einzustellen. Bei Sternberg hat sie gelernt, sich möglichst vorteilhaft in Szene zu setzen, und nun beharrt sie bei allen Drehs darauf, die Scheinwerfer und Kameras so auszurichten, dass ihre Schönheit perfekt zur Geltung kommt. Doch der Publikumsgeschmack wandelt sich – Marlenes statuenhafte Selbstinszenierung gilt bald als langweilig und überholt, ihre Filme bleiben erfolglos. Erst in der 1939 von Universal produzierten Westernkomödie »Der große Bluff« bricht sie mit der Verkörperung einer vulgären Saloon-Sängerin aus ihrer gewohnten Rolle der eleganten Femme fatale aus und steigt wieder in der Gunst der Zuschauer. Im selben Jahr wird sie amerikanische Staatsbürgerin – das nationalsozialistische Regime in Deutschland lehnt sie konsequent ab und weigert sich trotz wiederholter Angebote, in ihrem Heimatland Filme zu machen. Sie dreht einige Filme mit John Wayne und hat eine kurzlebige Affäre mit ihm. Länger hält ihre Zuneigung für den französischen Schauspieler Jean Gabin an, den sie gern bemuttert – ab 1941 ist sie ihm »Mutter, Köchin,

Beraterin und Übersetzerin, Schwester, Freundin – und mehr«. Im selben Jahr stürzt ihr 40. Geburtstag die Diva, die ihre Karriere trotz diversen Schönheitsoperationen entgleiten sieht, in tiefe Depressionen. Ein Leben ohne Ruhm, ohne Aufmerksamkeit kann sie sich nicht vorstellen.

Da sie keine Filmangebote in Aussicht hat, sucht sich Marlene ihr Publikum woanders – 1944 geht sie zu den amerikanischen Truppen nach Übersee, um als Solokünstlerin die Soldaten zu unterhalten. Hier wird sie begeistert empfangen. Marlene singt die berühmtesten Lieder

• Rückkehr nach Berlin: Berlins Regierender Bürgermeister Willy Brandt bereitet Marlene Dietrich 1960 einen herzlichen Empfang.

aus ihren Filmen, spielt ihre geliebte Singende Säge, erzählt Anekdoten und führt Zaubertricks vor. So wie sie schwierige Drehs klaglos ertragen hat, so hält sie nun auch den fehlenden Komfort im Feld aus: »Selbst wenn es ein Drinnen gab, wir aßen im Freien, oft im Regen, mit Regen auf dem Essen und kaltem, heruntertropfendem Fett. Es hat uns nichts ausgemacht.« Bald hat sie Liebhaber unter den Offizieren, die sie nach Kriegsende darum bittet, ihre Mutter in Berlin ausfindig zu machen. Im September 1945 kommt es endlich zum Wiedersehen in Tempelhof, wenige Monate bevor die Mutter stirbt. Angesichts des verwüsteten Deutschlands zeigt sich Marlene kompromisslos: »Ich hasse es, all diese Ruinen zu sehen, aber ich glaube, Deutschland hat alles verdient, was jetzt passiert.« Das werden ihr ihre Landsleute lange nicht verzeihen. In den USA hingegen wird sie 1947 für ihren Einsatz mit der Medal of Freedom geehrt, dem höchsten zivilen Orden des Landes.

Nach dem Krieg lebt sie eine Zeitlang mit Gabin in Paris, bevor sie nach Hollywood zurückkehrt. Sie dreht Filme mit Billy Wilder und Alfred Hitchcock, lehnt Fernsehauftritte jedoch konsequent ab. Immer noch nutzt die alternde Diva öffentliche Anlässe geschickt, um sich mit ihrer eleganten Garderobe in Szene zu setzen, so dass sie nie völlig aus den Schlagzeilen verschwindet. Nach der Geburt von Marias erstem Kind kokettiert Marlene mit der Rolle der »schönsten Großmutter der Welt«. Immer mehr verlässt sie sich nun auf ihre Stimme. Im Dezember 1953 tritt sie erstmals als Sängerin im Hotel Sahara in Las Vegas auf – der Beginn einer weiteren Karriere, diesmal als höchstbezahlte Unterhaltungskünstlerin der USA. Dabei ist es weniger ihr Sprechgesang, der die Zuschauer in Scharen anzieht, als ihr glamouröses und provokantes Auftreten, zum Beispiel in einem hautfarbenen Kleid, das so eng an ihrem Mieder anliegt, dass sie nackt wirkt. Marlene ist sich ihrer Wirkung genau bewusst: »Meine äußere Erscheinung war von entscheidender Bedeutung, denn ich machte mir keinerlei Illusionen über meine Stimme.« Mit ihrer

»Ich gebe dem Publikum, was es will. In meinem Fall ist es Schönheit.«

Show geht sie weltweit auf Tournee. Am meisten fürchtet sie den ersten Auftritt in Deutschland, ihren »Nürnberger Prozeß«. Am 30. April 1960 betritt sie das erste Mal nach 15 Jahren wieder Berlin. Trotz Anfeindungen der Presse und verstärkter Polizeipräsenz vor Ort erntet Marlene im Titania-Palast in Steglitz großen Applaus – auch vom Westberliner Bürgermeister Willy Brandt – und wird nach ihrem Auftritt noch elfmal auf die Bühne geholt. Trotzdem bleibt ihr Eindruck von Berlin angesichts von Anti-Marlene-Demonstrationen auf den Straßen zwiespältig.

In den 1960er-Jahren tritt Marlene auf der ganzen Welt auf und inszeniert sich als ewig junge Glamour-Ikone. Dass auch eine Marlene Dietrich dem Alter nicht entkommen kann, darf niemand erfahren, schon gar nicht die Presse – so weigert sie sich schließlich ganz, mit Reportern und Fotografen zu sprechen, um nicht in einem ungünstigen Moment abgelichtet zu werden. 1972 und 1973 erleidet sie Unfälle auf der Bühne, die sie lange in Mitleidenschaft ziehen. Schließlich ist sie nach einem Sturz bei einem Auftritt in Sydney 1975 ans Bett gefesselt. Nachdem sie aus dem Krankenhaus entlassen wird, zieht sie sich nach Paris zurück, wo sie außer ihren Bediensteten und ihrer Tochter Maria niemanden empfängt. Von der Außenwelt isoliert, schreibt sie an ihren Memoiren. Ihren letzten Leinwandauftritt hat sie 1978 in »Schöner Gigolo, armer Gigolo«, wo sie das Lied singt, das dem Film seinen Titel gibt. Als Maximilian Schell einen Dokumentarfilm über sie dreht, darf er sie nicht filmen, nur ihre Stimme ist zu hören. Bis zuletzt klammert sich Marlene an das idealisierte Bild, das sie von sich selbst erschaffen hat. Am 6. Mai 1992 stirbt sie in Paris. Beerdigt wird sie neben ihrer Mutter auf dem Friedhof Stubenrauchstraße in Friedenau – in Berlin, der Stadt, die sie berühmt gemacht hat. Die selbstbewusste Ausnahmekünstlerin beherrschte jahrzehntelang die Phantasie von Menschen auf der ganzen Welt und bleibt bis heute unvergessen.

Hildegard KNEF
Der geschenkte Gaul

Hildegard Knef

Endlich ist sie wieder da: Als Hildegard Knef am 22. Januar 1957 für einen Filmdreh nach Berlin zurückkehrt, kreisen Hubschrauber über ihrem Kopf und werfen Luftballons und Spruchbänder mit Willkommensgrüßen ab. Der Regierende Bürgermeister empfängt die weltberühmte Schauspielerin persönlich und lädt sie zum Kaffeetrinken ins Rathaus ein. Mit ihren blonden Locken und den strahlenden grünen Augen ist diese Frau zum begehrtesten deutschen Export der Nachkriegszeit geworden. Auch als Chansonsängerin begeistert sie Menschen weltweit – ihre rauchige Stimme und die selbst geschriebenen, ironischen Texte werden zu ihrem unverwechselbaren Kennzeichen. Ob in Deutschland, Frankreich, Großbritannien oder den USA, »die Knef« überrascht immer wieder mit ihrer Vielseitigkeit und ihrem Berliner Charme.

Hildegard Frieda Albertine Knef wird am 28. Dezember 1925 in Ulm geboren. Als sie fünf Monate alt ist, stirbt ihr Vater und ihre Mutter zieht zu ihren Eltern nach Berlin-Schöneberg. Hilde wächst in der Sedanstraße (heute Leberstraße) auf und verbringt die Sommermonate zusammen mit ihrem Großvater in einer Laube bei Zossen. Nachdem ihre Mutter erneut heiratet, kommt 1935 Hildes Halbbruder Heinz zur Welt, um den sie sich oft kümmern muss. Hilde ist eine gute Schülerin und zeichnet gern. Nachdem sie mit 16 Jahren die Schule abschließt, fängt sie bei der Filmgesellschaft Ufa eine Ausbildung zur Trickfilm-Zeichnerin an. Bald schon zweifelt sie jedoch an ihrer Entscheidung – die Ausbildung bietet ihr zu wenig kreativen Spielraum. Der Zufall und ihr hübsches Gesicht kommen Hilde zu Hilfe: In der Ufa-Kantine wird sie von Frank Maraun angesprochen, dem Zuständigen für künstlerischen Nachwuchs im Film, der ihr rät, Probeaufnahmen machen zu lassen. Als diese gut ankommen, schließt die Ufa 1943 einen Vertrag über die Ausbildung zur Schauspielerin mit ihr ab. Reichspropagandaleiter Joseph Goebbels selbst segnet Hildes Start in der Filmbranche ab.

Bei der Ufa erhält Hilde unter anderem Unterricht im Chanson und in Fremdsprachen und muss sich mühsam das Berlinern abgewöhnen. Die Ausbildung ist hart – hungrig und erschöpft kämpft sich Hilde Tag für Tag nach Babelsberg, auch wenn Berlin bombardiert wird. Zweimal wird sie ausgebombt und findet Zuflucht bei einer Freundin in Schmargendorf, bevor ein Ehepaar in Zehlendorf sie aufnimmt. Zu dieser Zeit beginnt sie eine Affäre mit Ewald von Demandowsky, dem verheirateten Produktionschef der Film-

• Hildegard Knef 1976 mit ihrer Autobiografie »Der geschenkte Gaul«

• Hilde 1947 vor dem Brandenburger Tor

gesellschaft Tobis und einem Vertrauten von Goebbels. Demandowskys Frau ist im Ausland, so führen die beiden ihr Verhältnis recht offen. Als Demandowsky 1945 zum Volkssturm einberufen wird, begleitet Hilde ihn in männlicher Verkleidung – als Frau allein in Berlin zurückzubleiben, ist ihr zu unsicher: »Alles schien noch gefährlicher, als nun wirklich die Kämpfe mitzumachen und genug Mut habe ich ja.« Die beiden werden von polnischen Truppen gefangen genommen, Hilde kann sich allerdings nach Berlin absetzen. Demandowskys weiteres Schicksal ist unklar.

In der ersten Zeit nach Kriegsende wohnt Hilde in der leerstehenden Villa ihres Geliebten in der Gelfertstraße in Zehlendorf und verdient ihr Geld als Ansagerin bei einem Theater in Charlottenburg. Aufgrund ihres Verhältnisses mit Demandowsky verbietet ihr jedoch die britische Besatzungsmacht Aufführungen in ihrem Sektor. Hilde kommt schließlich am Schlosspark-Theater in Steglitz unter. Ihren ersten Erfolg feiert sie dort, als sie nach einer Erkrankung der Hauptdarstellerin im Stück »Zum goldenen Anker« einspringt und das Publikum begeistert. In dieser Rolle wird der Regisseur Wolfgang Staudte auf sie aufmerksam und engagiert sie für den ersten deutschen Nachkriegsfilm »Die Mörder sind unter uns«. Der Film feiert 1946 Premiere im Admiralspalast und kommt bei Publikum und Presse gut an. Hilde steht weiterhin am Schlosspark-Theater auf der Bühne, dreht jedoch schon 1947 den zweiten Nachkriegsfilm »Zwischen gestern und morgen«. Inzwischen wohnt sie mit dem jüdischstämmigen amerikanischen Offizier Kurt Hirsch in einer Zehlendorfer Villa, die der Filmproduzent Erich Pommer dem Paar zur Verfügung stellt. Die neue Liebe und ihre Karriere nehmen Hilde ganz in Anspruch: »Ich bin krank, wenn ich Deine Liebe – Dein Verlangen – Deine Anlehnung nicht spüre – ich bin krank wenn ich nicht Dich und meinen Beruf habe.« Auch außerhalb Deutschlands wird der deutsche Nachwuchs-Star zur Kenntnis genommen – 1947 ziert Hilde das Titelblatt des amerikanischen »Life Magazine«.

Nach dem Abschluss der Dreharbeiten zur Liebeskomödie »Film ohne Titel« wagt Hilde den Sprung über den Pazifik. Zuvor heiratete sie am 15. Dezember 1947 Hirsch und verlor so ihre deutsche Staatsangehörigkeit. Dadurch kann sie nun einen Vertrag mit einem Hollywood-Studio unterschreiben, der eine wöchentliche Gage vorsieht, allerdings keine Rollen garantiert. Während Hilde in Deutschland dank »Film ohne Titel« gefeiert und auf dem Internationalen Filmfestival von Locarno als beste Schauspielerin ausgezeichnet wird, fällt ihr der Start in den USA schwer. Hirschs Eltern sind entsetzt von der deutschen Schwiegertochter, Rollenangebote bleiben aus. »Hildegarde Neff« – so ihr Künstlername in den Staaten – lernt also erst einmal amerikanisches Englisch, besucht Partys und trifft die Stars Hollywoods, darunter Marlene Dietrich, der sie zeitlebens verbunden bleiben wird. 1950 wird sie amerikanische Staatsbürgerin, hat jedoch weiterhin keine Rolle in Aussicht.

Kurzerhand nimmt sie das Angebot des österreichischen Regisseurs Willi Forst an, die Hauptrolle in seinem Film »Die Sünderin« zu übernehmen. Darin spielt sie eine Prostituierte, die ihrem erkrankten Geliebten Sterbehilfe leistet und sich anschließend selbst umbringt. In einer kurzen Szene sieht man Hilde aus einiger Entfernung – nackt. Der Skandal bleibt nicht aus. Die katholische Kirche verurteilt den Film scharf und ruft zum Boykott auf. Der Wirbel um diese Szene zieht die Zuschauer scharenweise in die Kinos und macht den Film zu einem großen Erfolg. Hilde, die inzwischen eine Affäre mit Forst angefangen hat, leidet unter dem Image der »Sünderin« – Restaurantbesucher verlassen das Lokal, sobald sie es betritt, ein lukrativer Werbevertrag wird wieder aufgelöst. Diese Rolle verfolgt sie ihr Leben lang.

1951 kehrt Hilde nach Hollywood zurück. Auch dort ist sie inzwischen als Verführerin verschrien, die viele Liebhaber hat. Die Scheidung von Hirsch Anfang 1952 festigt diesen Ruf. In der nächsten Zeit wirkt sie bei vielen Filmproduktionen mit und pendelt zwischen Europa und

den USA. Immer wieder ist sie auch in Berlin, wo Fans vor ihrem Hotel Schlange stehen, um ein Autogramm zu bekommen, und junge Mädchen ihre Frisur kopieren. Nachdem sie bereits im Film »Schnee am Kilimandscharo« zwei Lieder gesungen hat, wird ihr angeboten, die Hauptrolle beim Broadway-Musical »Silk Stockings« zu übernehmen. Nach vierwöchigem Gesangstraining und zehn Kilogramm Gewichtsverlust aufgrund von Stress steht sie 1955 zur Broadway-Premiere auf der Bühne. Das Publikum ist begeistert und die Vorstellungen sind über Monate ausverkauft. Hilde beeindruckt die Zuschauer durch ihre tiefe Stimme, während ihre Kollegen ihre Professionalität und ihren Einsatz bewundern – auch mit Blinddarmentzündung und Grippe steht sie noch auf der Bühne. Das Musical macht sie in den USA zum Star.

Als »Silk Stockings« 1956 auf Tour gehen soll, ist Hilde schwer unterernährt und so krank, dass sie aus dem Vertrag entlassen wird. Vor Problemen mit ihrer amerikanischen Filmgesellschaft flieht sie zur Erholung in die Schweiz. Mit ihren Finanzen steht es schlecht – sie hat nie auf ihre Ausgaben geachtet und einen Teil ihres Geldes einem Freund zum Spekulieren überlassen, der fast alles verliert. Ihr Neuanfang in Deutschland gestaltet sich schwierig. Als die neu gegründete Ufa sie 1956 für den Film »Madeleine und der Legionär« engagiert, wird Hilde in Berlin triumphal empfangen. Weder dieses noch das Folgeprojekt erzielen jedoch die erhofften Gewinne. Der Misserfolg färbt auf Hilde ab, die vorerst keine weiteren Filmangebote erhält. Um Geld zu verdienen, arbeitet sie in Frankreich und England, wo sie eine erfolgreiche Jazz-Platte aufnimmt. 1959 lernt sie bei Dreharbeiten zu einer britischen Fernsehserie den sieben Jahre jüngeren – noch verheirateten – Schauspieler David Cameron kennen. Als die beiden ein Paar werden, wird Hilde in der Klatschpresse als Ehebrecherin beschimpft und von der katholischen Kirche zur Persona non grata erklärt. Das erschwert es ihr noch mehr, ein Filmangebot zu erhalten – so will der Regisseur Fritz Lang sie für seinen Film »Die tausend Augen des Dr. Mabuse« engagieren,

• 1950 sorgte so etwas für einen Skandal: Die Knef als laszives Modell mit Gustav Fröhlich in »Die Sünderin«.

»In gewissen Abständen muß ich einfach nach Berlin, um mir Akzent zu holen, um die Luft zu atmen, die heimatlich ist.«

kann jedoch keinen Verleiher von der Besetzung überzeugen und muss schließlich wieder Abstand von seinem Vorhaben nehmen. In der Folgezeit nimmt Hilde jede Rolle an, die ihr angeboten wird, um ihren Schuldenberg abzuarbeiten. 1960 geht sie zurück zur Bühne und spielt unter anderem wieder am Schlosspark-Theater.

Nach dem Mauerbau ziehen Hilde und Cameron aus Angst vor einem Krieg an den Starnberger See. Das Schicksal Berlins liegt ihr weiterhin am Herzen – 1962 fliegt sie im Auftrag Willy Brandts in die USA, um eine Ausstellung über die geteilte Stadt zu eröffnen und um Unterstützung zu bitten. Im selben Jahr heiratet sie Cameron, nachdem seine Scheidung endlich offiziell vollzogen ist. Da Filmangebote rar sind, konzentriert sich Hilde in der Folgezeit auf ihre musikalische Karriere. 1963 kommt ihre erste Langspielplatte in den Handel, die ein großer Erfolg wird. Obwohl auch die nächsten Platten gut ankommen, ist Hilde noch nicht zufrieden und sucht immer wieder nach neuen, originellen Liedtexten. Schließlich fängt sie selbst an zu schreiben, 1966 erscheint ihre erste Platte mit eigenen Texten. Als Chansonsängerin beginnt sie eine zweite erfolgreiche Karriere und geht sogar auf Tournee. Die Plattenverkäufe sichern ihr ein regelmäßiges Einkommen – was umso wichtiger wird, als sie 1967 erfährt, dass sie schwanger ist. Die 42-Jährige ist begeistert von der Aussicht, doch noch eine Familie gründen zu können, auch wenn es zwischen ihr und Cameron zu dieser Zeit Spannungen gibt. Die Tochter Christina kommt im Folgejahr zu früh auf die Welt, Hilde stirbt fast bei der Entbindung. Erfüllt von neuem Familienglück, macht sich Hilde daran, ihre Autobiografie zu schreiben. Zuvor haderte sie lange mit dem Projekt: »Ich finde die Gegenwart – mein tägliches Leben so füllend und wichtig, daß ich mich fürchte in der Vergangenheit und sei es nur für Stunden, unterzutauchen.« Doch als »Der geschenkte Gaul« 1970 veröffentlicht wird, werden ihre Mühen belohnt. Nach drei Monaten sind 175 000 Exemplare verkauft, das Buch erregt internationales Aufsehen und wird in 17 Sprachen übersetzt. Wieder einmal stellt Hilde ihr vielseitiges Talent unter Beweis.

Die Geldsorgen sind fürs Erste Vergangenheit, doch in den nächsten Jahren wird Hilde von gesundheitlichen Problemen geplagt. Nachdem bei ihr Brustkrebs diagnostiziert wird und eine Operation erfolgreich verläuft, wird sie medikamentenabhängig. Sie veröffentlicht ein kritisches Buch über ihre Erlebnisse mit Krankenhäusern und Ärzten, das als Zeugnis einer Überlebenden gefeiert wird. 1976 lässt sie sich von Cameron scheiden und zieht wieder nach Berlin, wo sie ihren baldigen dritten Ehemann Paul von Schell kennenlernt. Sie dreht weiterhin Filme und nimmt Platten auf, arbeitet aber auch fürs Fernsehen, schreibt Bücher und Besprechungen. Für ihr Lebenswerk wird sie vielfach ausgezeichnet, darunter mit dem Filmband in Gold, dem Echo, dem Bambi und sogar dem Bundesverdienstkreuz I. Klasse.

Die alternde Diva denkt nicht daran, sich zur Ruhe zu setzen: »Pausen machen mich müde. Die Liebe hält mich jung. Ich sehe keinen Grund, aufzuhören. Zum Glück besitze ich vielerlei künstlerische Transportmittel, um mich auszudrücken.« Sie feiert noch Erfolge mit dem Musical »Cabaret« im Theater des Westens, tritt im Fernsehen auf und veröffentlicht 1999 ihre letzte CD »17 Millimeter«. Zusammen mit Schell verbringt sie ihre letzten Lebensjahre in Kleinmachnow, nachdem sie zuvor immer wieder innerhalb Berlins umgezogen sind. Sie stirbt am 1. Februar 2002 und wird auf dem Waldfriedhof Zehlendorf begraben. Hildegard Knef hielt die Öffentlichkeit bis zuletzt in Atem: als künstlerisches Multitalent, als skandalträchtige Diva und als temperamentvolle Berlinerin.

Charlotte von Mahlsdorf

Dieses Haus ist eine Ruine. Fenster- und Türrahmen sind leer, die Zimmerdecken abgesackt, überall liegt Schutt. Das ehemals stolze Gutshaus Mahlsdorf, über 100 Jahre alt, wartet nur noch auf den Abriss. Oder auf eine Frau, die bereit ist, sich die Hände schmutzig zu machen. Charlotte von Mahlsdorf, Berlins berühmtester Transvestit und leidenschaftliche Sammlerin, saniert in jahrzehntelanger mühsamer Arbeit das Gutshaus und eröffnet darin 1960 ein Museum der Gründerzeit. In diesen einst modrigen und schwammzerfressenen Wänden steht das Berlin vom Ende des 19. Jahrhunderts wieder auf. Dem Erhalt dieser Kultur widmet Charlotte ihr Leben.

Charlotte heißt bei der Geburt Lothar. Der älteste Sohn der Familie Berfelde kommt am 18. März 1928 in Mahlsdorf, einer Gemeinde am östlichen Rand von Berlin, zur Welt. Von klein auf leiden die drei Kinder unter dem gewalttätigen Vater, Max Berfelde, der auch seine Ehefrau schlägt. Lothar soll Soldat werden wie sein Vater, doch schon früh wird klar, dass Berfeldes Hoffnungen nicht erfüllt werden: Der Sohn fühlt sich als »Mädchen in einem Jungenkörper«, wischt mit Vorliebe Staub und probiert die Kleider seiner Mutter an. »Lottchen« – daraus wird später »Charlotte« – wird auch in der Schule für ihr weibliches Aussehen gehänselt. Anstatt mit Spielzeug beschäftigt sie sich lieber »mit altem Kram« – alten Uhren, Schlüsseln, Lampen. Sie durchsucht den Müll nach besonders schönen Stücken und fragt bei den Nachbarn an. Besonders Möbel und Einrichtungsgegenstände aus der Gründerzeit haben es ihr aufgrund der liebevollen Gestaltung angetan.

Die Suche nach neuen Stücken für ihre wachsende Sammlung führt Charlotte 1941 in einen Trödelladen in der Köpenicker Straße. Dort arbeitet sie die nächsten Jahre über. Bei Haushaltsauflösungen erwirbt sie Möbel, die später zum Grundstock ihres Gründerzeitmuseums werden. Immer häufiger handelt es sich dabei um Nachlässe jüdischer Familien, die deportiert wurden. Charlotte erwirbt auch Frauenkleidung, die sie gemeinsam mit einem Freund, der ihre Neigungen teilt, anprobiert. Als sie einmal zu später Uhrzeit zusammen in Kleidern über die Friedrichstraße in Friedrichshagen (heute Bölschestraße) flanieren, werden sie von einer Patrouille der Hitler-Jugend aufgegriffen und handeln sich Schläge ein. Auch Charlottes Vater hat kein Verständnis für den femininen Sohn. 1942 meldet er Charlotte bei der Hitler-Jugend an, doch sie lässt sich dort nur selten blicken.

Um den zunehmenden Bombenangriffen auf Berlin und der häuslichen Gewalt zu entkommen, zieht Charlottes Mutter mit den Kindern 1943 nach

• Charlotte von Mahlsdorf, 1992

• Das Gutshaus Mahlsdorf ist eine Fundgrube für jeden, der sich für die Gründerzeit interessiert.

Bischofsburg (heute das polnische Biskupiec). Dort lernt Charlotte ihre lesbische Nenntante kennen, die sie erstmals über den Begriff »Transvestit« aufklärt. Nachdem Charlottes Mutter Ende 1943 die Scheidung verlangt, kommt es im nächsten Jahr zur gewalttätigen Auseinandersetzung zwischen Charlotte und Max Berfelde – der Vater bedroht sie mit einem Revolver. Sie erschlägt ihn daraufhin im Schlaf. Rückblickend rechtfertigt sie ihre Tat mit Angst um Mutter und Geschwister: »Die Tötung war eine Art Vorbeugenotwehr.« Sie wird verhaftet und psychologisch untersucht, bevor ihr Anfang 1945 in Moabit der Prozess gemacht wird. Das Urteil lautet auf vier Jahre Jugendgefängnis. Als jedoch die russische Armee in Berlin einmarschiert, wird Charlotte entlassen – für die Häftlinge stehen nur ungenügende Transportmöglichkeiten zur Verfügung.

Die letzten Kriegstage verbringt Charlotte im Trödelladen, in dem sie gearbeitet hat, und zieht danach zurück nach Mahlsdorf. Dort arrangiert sie sich mit Soldaten der russischen Armee – für Reparatur- und Wartungsarbeiten erhält sie Geld und Lebensmittel, die sie vor dem Hungertod bewahren. Ihr früherer Auftraggeber, der Trödelhändler, ist inzwischen verstorben. Um ihre Familie zu ernähren, verkauft Charlotte erfolgreich Einrichtungsgegenstände aus ihrer Sammlung. Als sie jedoch einen eigenen Trödelladen eröffnen will, wird sie von den Behörden abgewiesen. Schwere körperliche Arbeit kann sie auf Dauer nicht verrichten, auch wenn das Arbeitsamt sie – die als junger Mann geführt wird – hartnäckig an solche Stellen vermittelt. Schließlich arbeitet sie als »Dienstmädchen« – eine Rolle, mit der sie sich zeitlebens identifiziert.

1946 erfährt Charlotte vom beabsichtigten Abriss des Schlosses Friedrichsfelde. Den schönen frühklassizistischen Bau möchte sie nicht der Zerstörung preisgeben: »Was für eine Barbarei!« Entschlossen übernimmt sie das Schloss selbst und macht sich daran, es zu sanieren. Während sie tagsüber arbeitet, um das Leben ihrer Familie zu finanzieren, bessert sie nachts das Schloss aus und richtet nach und nach fünf Zimmer mit ihren gesammelten Möbeln ein. Ihr Engagement lockt Neugierige an, für die sie erste improvisierte Führungen veranstaltet. Die Besucher müssen keinen Eintritt bezahlen, hinterlassen aber gern Spenden, von denen Charlotte weitere Arbeiten bezahlt. Das Schloss wird auch ihr Zuhause. Sie teilt es bald mit Flüchtlingen und anderen, die keine Miete bezahlen, aber ihre Zimmer selbst instand setzen müssen. 1948 wird die Wohngemeinschaft aufgelöst – Charlotte muss das Schloss räumen.

In der Öffentlichkeit zeigt sich Charlotte jetzt immer öfter in weiblicher Kleidung. In Mahlsdorf ist sie inzwischen eine bekannte Gestalt: »Von seiten der Mahlsdorfer, die mich von Kindesbeinen an kannten, erntete ich wohlwollendes Achselzucken.« Auch im Szenetreff »Elli's Bierbar« am Görlitzer Bahnhof in Kreuzberg ist sie mit ihrem Grammophon ein gern gesehener Gast. Wenn sie mit ihren Liebhabern ausgeht, hält man sie meistens für ein Mädchen und Frauen sprechen sie bewundernd auf ihre Kleider an.

Um neben ihrer Tätigkeit als Dienstmädchen eine berufliche Grundlage zu haben, legt Charlotte 1949 ein Dolmetscherexamen in Englisch ab. Im selben Jahr fängt sie als freie Mitarbeiterin am Märkischen Museum an. Bald knüpft sie daran eine Ausbildung als Museumskonservator an. In einer festen Anstellung setzt sie ihre Arbeit dort bis 1971 fort, als ihre Gewohnheit, in ihrer Freizeit Frauenkleidung zu tragen, ihren Vorgesetzten bekannt wird. Damit konfrontiert, erwidert Charlotte selbstbewusst: »Wissen Sie, ob ich nun in Hosen oder im Kleid auf der Straße rumlaufe, ist völlig egal. Wer nicht ganz dämlich ist, sieht schon dreißig Meter gegen den Wind, daß ich eigentlich ein weibliches Wesen bin.« Der Museumsleitung ist das nicht egal – Charlottes Vertrag wird nicht verlängert.

Zu diesem Zeitpunkt hat Charlotte längst ein anderes Projekt gefunden, das ihre Aufmerksamkeit beansprucht. Das Gutshaus Mahlsdorf, das um 1815 gebaut wurde, steht 1958 kurz vor dem Abriss. Charlotte fühlt sich mit dem Haus eng verbunden: »Dieses Haus ist mein Schicksal.« Kurzerhand zieht sie ein, um Plünderer fernzuhalten. Nachdem ihr das Haus überlassen wird, macht sie sich an die langwierigen Instandsetzungsarbeiten.

»Ich bin meine eigene Frau.«

Das Gebäude ist voller Dreck und Trümmer. Charlotte muss einsturzgefährdete Decken abstützen und Nägel aus den Wänden ziehen. Auf der Suche nach Flügeltüren, Türklinken und anderem fehlenden Material zieht sie auch mal nachts durch Berlin und sucht nach Häusern, die abgerissen werden sollen. Bald kennen die Bauarbeiter Charlotte und ihre Sammelleidenschaft. Es schmerzt sie, wenn alte Gebäude oder ganze Straßenzüge der sozialistischen Bauwut zum Opfer fallen: »Es ist nicht nur totes Gestein, es sind nicht nur leblose Möbel: In diesen Gegenständen widerspiegelt sich die Geschichte der Menschen, die dies erbaut, die hier gelebt haben.« Um das »Alt-Berliner Flair« zu retten und für die Nachwelt zu erhalten, transportiert sie alles, was sie findet, zu sich nach Mahlsdorf. Die Inneneinrichtung der einzelnen Räume stimmt sie mit Möbelkatalogen und Einrichtungsratgebern von 1890 und 1900 ab.

Die erste Führung durch ihr – erst zum Teil eingerichtetes – Reich veranstaltet Charlotte im August 1960. Wie schon beim Schloss Friedrichsfelde spricht sich ihre Arbeit im Mahlsdorfer Gutshaus schnell herum, regelmäßig schauen Besucher vorbei. Charlotte ist stolz darauf, ihr Gründerzeitmuseum aufgebaut zu haben: »Ich bin Museumsführer, Bewohner und Putzfrau in einem, und ich habe mich eingerichtet, wie eine Frau der bürgerlichen Mittelschicht sich um 1900 einrichtete.« 1963 erweitert sie ihre Sammlung um die komplette Inneneinrichtung der »Mulackritze«, einer berühmten Kneipe aus dem Scheunenviertel, in der schon Marlene Dietrich, Claire Waldoff und Heinrich Zille verkehrten. Ab den 1960er-Jahren kommen immer wieder Requisiteure, um sich Stücke aus dem Gründerzeitmuseum zu leihen. Charlotte wird als Beraterin hinzugezogen, wenn Filme in der Gründerzeit angesiedelt sind. Sie selbst übernimmt auch kleinere Filmrollen. 1972 wird das ehemalige Gutshaus unter Denkmalschutz gestellt. Das Museum und besonders die nachgebaute »Mulackritze« werden zum Treffpunkt der Schwulen- und Lesbenszene Ostberlins.

Mit wachsender Popularität geraten Charlotte und ihr Museum ins Visier der Staatssicherheit. Nachdem sie 1973 ein Angebot der »Kunst und Antiquitäten GmbH« ablehnt, die ihr Museum erwerben und zu einem Kunsthandelszentrum ausbauen will, muss sie sich mit der Steuerfahndung beschäftigen. Ein Jahr später soll das Museum verstaatlicht werden – den DDR-Behörden zufolge darf sich kein Museum in privater Hand befinden, außerdem werden Bedenken gegen Charlotte als Museumsleiterin geäußert. Charlotte reagiert empört und macht sich kurz entschlossen daran, ihre Sammlung zu verschenken: »Wo nichts ist, hat der Magistrat sein Unrecht verloren und kann auch die Stasi nichts holen.« Dank der Schauspielerin Annekathrin Bürger, die Charlotte an den Anwalt Friedrich Karl Kaul vermittelt, wird das Vorgehen gegen Charlotte jedoch 1976 eingestellt. Mutmaßlich erklärt sie sich im Gegenzug bereit, in der Zwischenzeit als Inoffizielle Mitarbeiterin für die Staatssicherheit zu arbeiten. In ihren Berichten schreibt sie jedoch vorwiegend über alte Möbel,

• Stolz führt Charlotte 1984 eine Besuchergruppe durch ihr Reich.

so dass die Zusammenarbeit 1976 beendet wird. Zwei Jahre später werden alle Veranstaltungen im Museum verboten – die Staatssicherheit vermutet hinter den regelmäßigen Treffen der Homosexuellenszene konspirative Zwecke. Charlotte wird auch verdächtigt, Ausstellungsstücke in den Westen zu verkaufen, mehrmals stellt man sie mit angeblichen Käufern auf die Probe.

Der Staat bindet Charlotte auch weiterhin in seinen Apparat ein: 1983 wird sie zur Bewertung der Habseligkeiten von Ausreisewilligen herangezogen – sie muss Möbel und andere Einrichtungsgegenstände Kategorien zuteilen, die darüber entscheiden, ob sie ausgeführt werden dürfen. Auch dabei wird sie genau überwacht. Inzwischen ist Charlotte ein Idol der Schwulen und Lesben Ostberlins geworden. Als Heiner Carow 1988 seinen Film »Coming Out« – den ersten Schwulenfilm der DDR – dreht, übernimmt sie eine kleine Nebenrolle. Die Premiere des gefeierten Films am 9. November 1989 im Kino International fällt mit dem Mauerfall zusammen.

Nach der Wende hofft Charlotte, ihr Museum ordnungsgemäß erwerben zu können, doch die Behörden machen es ihr nicht einfach. Erst 1992 wird ihr das Haus endgültig übereignet. Im selben Jahr erhält sie das Bundesverdienstkreuz. Das reicht jedoch nicht aus, um den Schrecken von 1991 vergessen zu machen, als Neonazis ein Fest im Garten des Museums stürmten und Gäste verletzten. In der Folge schließt Charlotte ihr Museum 1995 und siedelt nach Schweden um, wo sie ein Jahrhundertwendemuseum eröffnet. Einen Teil ihrer Sammlung verkauft sie der Stadt Berlin, so dass das Gründerzeitmuseum 1997 vom Förderverein Gutshaus Mahlsdorf wiedereröffnet wird.

Charlotte verstirbt am 30. April 2002 bei einem Besuch in Berlin. Sie wird neben ihrer Mutter auf dem Evangelischen Waldfriedhof an der Rahnsdorfer Straße in Mahlsdorf begraben. Um ihren Gedenkstein im Park des Gutshauses Mahlsdorf entbrennt eine öffentliche Debatte – während der Förderverein den Titel von Charlottes Autobiografie »Ich bin meine eigene Frau« und den Namen »Charlotte von Mahlsdorf« als Inschrift will, setzen ihre Geschwister ihren Geburtsnamen »Lothar Berfelde« durch. Gerade die schillernde Gestalt der Charlotte von Mahlsdorf lockt jedoch jährlich Tausende Besucher ins Gründerzeitmuseum, das sie ins Leben rief. Ihre Autobiografie und ein darauf beruhendes Theaterstück des amerikanischen Autors Doug Wright machten sie international berühmt. Charlotte von Mahlsdorf verdankt Berlin nicht nur eine der beeindruckendsten Sammlungen von Gründerzeitmobiliar in ganz Deutschland, sondern eine Stimme für Freiheit und Selbstbestimmung.

Christa Wolf

»Wir sind das Volk!« Als Christa Wolf am 4. November 1989 auf dem Alexanderplatz ans Rednerpult tritt, hält sie diesen Satz der Menschenmenge hin, die gierig ihren Worten lauscht. Es sind wohlüberlegte Worte, die ihre Hoffnung auf Wandel, aber auch ihre Warnung vor Gewalt und überstürzter Preisgabe der eigenen Werte ausdrücken. Keiner der gebannten Zuhörer bemerkt, dass die berühmte DDR-Schriftstellerin auf dem Podium eine Herzattacke erleidet. Erst nach ihrer Rede lässt sie sich behandeln. Ihr Zusammenbruch greift dem Zusammenbruch der DDR vor – des Staates, für den sie geschrieben und gelitten hat und an dessen Zukunft sie bis zuletzt glaubte. Ihre Aufrichtigkeit und Integrität machten sie für ihre Leser zeitlebens zu einer moralischen Instanz und Vertrauensperson. Auch im wiedervereinigten Deutschland behauptete sie sich als eine der wichtigsten Schriftstellerinnen der deutschen Nachkriegszeit.

Christa Ihlenfeld kommt am 18. März 1929 in Landsberg an der Warthe im heutigen Polen zur Welt. Sie ist das älteste Kind der Kaufleute Otto und Herta Ihlenfeld, ein Sohn wird drei Jahre nach ihr geboren. Das strebsame Mädchen strengt sich in der Schule sehr an und bemüht sich um die Anerkennung der Lehrer. Mit zehn Jahren kommt sie zum Bund Deutscher Mädel (BDM) und wird durch ihren Fleiß bald »Führeranwärterin«. Die heile Welt ihrer Kindheit bricht zusammen, als die Familie Anfang 1945 vor den heranrückenden russischen Truppen die Flucht ergreifen muss. Einige Monate verbringen sie im Dorf Grünefeld bei Nauen, bevor sie auch von dort evakuiert werden müssen. In Gammelin bei Schwerin erleben sie das Kriegsende. Die 16-jährige Christa arbeitet zunächst als Schreiberin im Bürgermeisteramt, bevor sie 1946 wieder zur Schule geht. In dieser Zeit lernt sie die Gedichte von Goethe kennen und wird dadurch zu ersten eigenen Texten inspiriert. Ein Jahr darauf zieht die Familie nach Bad Frankenhausen in Thüringen, wo Christa 1949 ihr Abitur ablegt und in die SED eintritt. Bewusst sucht sie den Gegensatz zu ihrem bisherigen Leben – sie will nichts mehr, »was dem Vergangenen ähnlich sein könnte«.

Sie beginnt ein Pädagogikstudium in Jena, wechselt im fünften Semester jedoch zu Germanistik und Geschichte. An der Universität lernt

• Christa Wolf im Jahr 1996

sie Gerhard Wolf, der ihre Studienfächer teilt, kennen und lieben. Sie heiraten 1951 und ziehen nach Leipzig. Die schwangere Christa studiert weiter, im nächsten Jahr kommt die erste Tochter Annette zur Welt. Während Wolf als verantwortlicher Redakteur beim Rundfunk nach Berlin versetzt wird, bleibt Christa in Leipzig zurück und schreibt erste Literaturkritiken. Sie hat mit fehlenden Betreuungsmöglichkeiten für ihr Kind zu kämpfen, lässt sich davon aber nicht von ihren beruflichen Zielen abhalten. 1953 schließt sie ihr Studium ab. Das Angebot, als Assistentin an der Universität zu bleiben, lehnt sie ab – sie will sich mit Gegenwartsliteratur und aktuellen gesellschaftlichen Problemen beschäftigen. Da kommt die Stelle als wissenschaftliche Mitarbeiterin beim Deutschen Schriftstellerverband (DSV) in Berlin gerade recht.

Die wieder vereinte Familie Wolf zieht in die Stechlinstraße 4 in Karlshorst. Im DSV ist es Christas Aufgabe, eingesandte Manuskripte von unbekannten Autoren zu prüfen und über die Förderung von Nachwuchstalenten zu entscheiden. Sie schreibt weiterhin Literaturkritiken, die überwiegend in der Verbandszeitschrift »Neue deutsche Literatur« erscheinen. Später, als erfahrene Schriftstellerin, distanziert sie sich von diesen Kritiken, die die besprochenen Texte vor allem unter politischen Gesichtspunkten beurteilen. Schon 1954 wird sie offizielles Mitglied des DSV und steigt in den Vorstand auf. Bei ihrer Arbeit lernt sie Schriftsteller kennen, die sie tief beeindrucken, so Louis Fürnberg und Anna Seghers, deren Autorität sie sich zu Beginn gerne fügt. Über ihren Ehemann knüpft sie auch Kontakte zu westdeutschen Autoren.

1956 wechselt sie als Cheflektorin zum Verlag Neues Leben, fühlt sich jedoch bald von der Verantwortung überfordert und scheidet wieder aus. Bald darauf kommt ihre Tochter Katrin zur Welt. Zaghaft fasst Christa das eigene kreative Schreiben ins Auge: »Übrigens sehe ich Kritik im Moment auch nicht als ›Das Eigentliche‹ an. Selber schreiben möchte ich können, ich wüsste vielleicht sogar, was.« Nach dem enthusiastischen Zuspruch von Fürnberg – »Schreib, Christa!« – beginnt sie mit Entwürfen von Erzählungen, schreibt an einem Theaterstück und einem Filmdrehbuch. Ihre Arbeit für die »Neue deutsche Literatur« stellt sie nicht ein, 1958 wird sie Mitglied der Redaktion. Obwohl zu dieser Zeit Stalins Verbrechen ans Licht kommen und das verklärte Bild der Sowjetunion in der DDR erschüttern, glaubt Christa immer noch an den Sozialismus und die Partei. 1958 wird sie in Westberlin für einige Tage inhaftiert, als sie ohne Genehmigung Flugblätter für die SED zur bevorstehenden Senatswahl verteilt. Die Staatssicherheit der DDR nimmt den Einsatz der Genossin zur Kenntnis und wirbt sie ein Jahr später als Inoffizielle Mitarbeiterin (IM) unter dem Decknamen Margarete – Christas zweiter Vorname – an. Die Zusammenarbeit dauert bis 1962, trägt für die Stasi jedoch kaum nützliche Informationen ein.

Für einige Jahre ziehen die Wolfs nach Halle an der Saale, wo Christa im Lektorat des Mitteldeutschen Verlags mitarbeitet. Gemäß den Beschlüssen der ersten Bitterfelder Konferenz, die von den Künstlern fordern, die Arbeiter bei der eigenen künstlerischen Tätigkeit zu unterstützen, wird Christa Mitglied einer Brigade im VEB Waggonbau Ammendorf und leitet dort zusammen mit ihrem Ehemann einen Zirkel schreibender Arbeiter. Inspiriert von ihren Erfahrungen des Arbeiteralltags, schreibt sie an ihrer »Moskauer Novelle« und der Erzählung »Der geteilte Himmel«. Die Novelle erscheint 1961 und wird in der DDR zu einem großen Erfolg, Zeitungen drucken die Liebesgeschichte zwischen einer Deutschen und einem Russen als Fortsetzungsroman ab. Obwohl der Text noch ganz dem sozialistischen Realismus folgt, entfernt sich Christa zu dieser Zeit bereits von der Parteiideologie. Nach dem Mauerbau hofft sie noch, dass im nun abgeschotteten Inneren des Landes offener diskutiert werden kann, doch ihre Hoffnung wird enttäuscht.

1962 wohnt Christa mit ihrer Familie im abgeschiedenen Kleinmachnow bei Berlin und arbeitet als freie Autorin. Ein Jahr später er-

• Die junge Schriftstellerin 1963

scheint »Der geteilte Himmel«, die Geschichte eines Liebespaares, das am Ost-West-Konflikt zerbricht. Das Buch ist sofort vergriffen, im ersten Jahr werden 160 000 Exemplare verkauft. Christa wird mit dem Heinrich-Mann-Preis der Ostberliner Akademie der Künste geehrt, 1964 folgt der Nationalpreis III. Klasse. Die Besprechungen in der DDR fallen jedoch zwiespältig aus – den Kritikern missfällt unter anderem, dass keine eindeutige Verurteilung des in den Westen gehenden Protagonisten erfolgt. Die öffentliche Debatte verunsichert Christa und zwingt sie dazu, ihre eigenen Schreibabsichten zu hinterfragen: »Denn mir ist klar geworden, dass das, was die anderen in diesem Fall wollten, ja gar nicht da sein *konnte*, weil *ich* es nämlich nicht will.« In der Bundesrepublik wird das Buch wohlwollend zur Kenntnis genommen, insbesondere wegen der Überwindung der »Schwarzweißmalerei« bei der Schilderung des DDR-Lebens.

• Die prominente Schriftstellerin beim Signieren von Büchern, 1983

Trotz aller Kritik wird sie immer noch als linientreue Schriftstellerin gefeiert, seit 1963 ist sie Kandidatin des Zentralkomitees der SED. Erst das 11. Plenum des Zentralkomitees 1965 macht ihr klar, dass sie nichts mehr mit der Partei zu tun haben will. Den Künstlern wird dabei vorgeworfen, am Werteverfall der Jugend schuld zu sein, ihre Werke sollen fortan strikt den Parteivorgaben folgen und die festgelegten Werte propagieren. Christa Wolf meldet sich zu Wort, auch wenn sie sich vorkommt, als stünde sie »allein vor einer Dampfwalze«. Schuld an der Orientierungslosigkeit der Jugend sei »eine Leere, in die unsere mangelnde geistige offensive Anziehungskraft Teile der Jugend geführt hat, durch die Hohlräume entstanden sind, in die jetzt selbstverständlich fremde, feindliche Ideologien eindringen«. Sie betont die Bedeutung von Freiräumen in der Literatur. Ihr Beitrag wird größtenteils ignoriert, der Ausgang des Plenums steht von vornherein fest. Zahlreiche Werke werden verboten, auch Film, Theater und Musik sind betroffen.

Für Christa ist ihre Wortmeldung ein »Befreiungsschlag«, ein Bruch mit der Parteilinie. Sie kann es sich selbst gegenüber nicht vertreten, zu schweigen. Die Auswirkungen spürt sie sofort: Nicht nur wird sie der Kandidatur für das Zentralkomitee enthoben, es setzt auch eine umfassende Überwachung der Wolfs durch die Stasi ein. Christa reagiert mit einer langen Depression und einer Zeitungsphobie – ihr Ehemann muss alle Zeitungen vor ihr durchsehen und ihr die Nachrichten in kleinen Portionen weitergeben. Von öffentlichen Gremien hält sie sich fern. Ihr Glaube an die sozialistische Gesellschaft ist erschüttert. Sie beginnt mit der Arbeit an ihrer Erzählung »Nachdenken über Christa T.«, die sie 1967 fertigstellt. Ihr ist klar, dass das Buch kaum Aussicht auf Veröffentlichung hat: »Warum schreibt man? Heftiger Wunsch, alles noch einmal umzustürzen. ›Christa T.‹ wird nicht veröffentlicht werden, und das wird mich wieder treffen.« Hinter »Christa T.« verbirgt sich die Freundin Christa Tabbert, die einige Jahre zuvor gestorben ist. In der Erzählung verarbeitet Christa ihren schriftlichen Nachlass und verknüpft ihre Lebensgeschichte mit der eigenen.

Wie erwartet fallen die Arbeitsgutachten, die ein Verlag vor der Veröffentlichung anfordern muss, negativ aus. Christa ergänzt ein letztes Kapitel und reicht das Manuskript erneut ein. Da sie zugleich Auszüge in Zeitungen publiziert, nimmt der Verlag den Text diesmal an. Die Veröffentlichung verzögert sich dennoch – zu dieser Zeit wird den Wolfs unterstellt, mit den Reformern des Prager Frühlings zu sympathisieren, und die Bespitzelung durch die Stasi wird als Operation »Doppelzüngler« noch einmal drastisch verschärft. Als schließlich eine kleine Menge der gedruckten Exemplare von »Nachdenken über Christa T.« in den Handel kommt, ist das Buch in der DDR kaum zu erwerben. Nachdem der Verleger Heinz Sachs gezwungen wird, sich öffentlich von dem Werk zu distanzieren, werden Kritiker in der Bundesrepublik darauf aufmerksam. Marcel Reich-Ranicki publiziert eine lobende Besprechung des Buchs, von der besonders ein Satz für Missfallen in der DDR sorgt: »Sagen wir klar: Christa T. stirbt an der Leukämie, aber sie leidet an der DDR.« Diese Auslegung wird Christa zur Last gelegt. Man legt ihr nahe, aus dem Vorstand des DSV auszutreten, doch sie lehnt ab. Unter Druck veröffentlicht sie schließlich eine Stellungnahme, in der sie sich von der Deutung der westlichen Kritiker distanziert. Während das Buch in der Bundesrepublik schnell ein Bestseller wird, erlangt es in der DDR erst mit einer zweiten Auflage im Jahr 1972 große Popularität.

»Stürzen kann man Monarchen und Ministerpräsidenten, nicht aber eine Schriftstellerin.«

Christa zieht sich in die Geborgenheit der Familie zurück und konzentriert sich aufs Schreiben. Es entstehen Aufsätze und Essays, darunter ihr berühmter Text »Lesen und Schreiben«, die 1972 in einem Sammelband erscheinen, nachdem Christa vom Mitteldeutschen Verlag zum Aufbau-Verlag in Berlin gewechselt ist. Sie arbeitet an ihrem großen autobiografisch geprägten Roman »Kindheitsmuster«, für den sie 1971 in ihre Geburtsstadt reist. Als 1976 der Liedermacher Wolf Biermann ausgebürgert wird, unterschreiben Christa und ihr Ehemann einen Protestbrief, der über westliche Nachrichtenagenturen verbreitet wird und einen Skandal in der DDR auslöst. Gerhard Wolf wird aus der Partei ausgeschlossen, Christa – vermutlich geschützt durch ihre Prominenz – hält sich fortan von allen Parteiversammlungen fern. Im selben Jahr erscheint »Kindheitsmuster«, die erste Auflage mit 60 000 Exemplaren ist innerhalb von knapp drei Monaten bereits vergriffen.

Die Wolfs wohnen inzwischen in einem Altbau in der Friedrichstraße 133 in Mitte und verbringen die Sommer in einem Bauernhaus in Mecklenburg. Christa erhält Leserbriefe aus ganz Deutschland, die sie nicht nur als Schriftstellerin, sondern vor allem als Ratgeberin und moralische Instanz ansprechen. Ihre enge Bindung an ihre Leser im Osten ist einer der Gründe, weshalb sie trotz aller Rückschläge in der DDR bleibt. 1977 tritt sie doch noch vom Vorstand des DSV zurück, sorgt sich aber noch um die Zukunft des Verbandes. Als 1979 neun Autoren ausgeschlossen werden, protestiert sie schriftlich: »Ausschlussverfahren sind kein Mittel, Widersprüche zu erkennen und zu lösen, aber ein ziemlich sicheres Rezept, die Polarisierung im Verband weiterzutreiben.«

Als gesamtdeutsche Bestseller-Autorin bemüht sich Christa um Vermittlung zwischen Ost und West. Als ihr 1980 der Georg-Büchner-Preis verliehen wird, spricht sie die Annahme des Preises vorher mit der Staatsführung ab. Bei der Preisverleihung betont sie: »Literatur heute muss Friedensforschung sein.« Im selben Jahr fasst sie den Kassandra-Stoff ins Auge: »In Kassandra ist eine der ersten Frauengestalten überliefert, deren Schicksal vorformt, was dann, dreitausend Jahre lang, den Frauen geschehen soll: dass sie zum Objekt gemacht werden.« Zur Entstehung einer ihrer berühmtesten Erzählungen hält sie 1982 an der Universität in Frankfurt Poetik-Vorlesungen, die im Fernsehen übertragen werden. Nicht nur in der Bundesrepublik gilt sie inzwischen als Autorin von Weltrang, im gesamten westlichen Ausland erhält sie Auszeichnungen und Ehrendoktorwürden. In der DDR wird sie 1987 zum zweiten Mal mit dem Nationalpreis ausgezeichnet.

• Christa Wolfs Rede auf dem Alexanderplatz am 4. November 1989 war ein nationales Medienereignis.

Ihr Festhalten an dem sozialistischen Staat ist es aber auch, das ihr in der Bundesrepublik kritische Stimmen beschert – als »Staatsdichterin« wird ihr vorgeworfen, mit ihrem Bleiben ein menschenverachtendes System zu unterstützen.

Zu Beginn des Wendejahres 1989 ist Christa schwer erkrankt. Beunruhigt verfolgt sie von Pankow aus, wo sie inzwischen am Amalienpark wohnt, die ersten Montagsdemonstrationen, die sich schnell ausweiten. Es tut ihr weh, die vielen Ausreisenden zu sehen, aber am meisten Angst hat sie davor, dass die Demonstrationen mit Gewalt niedergeschlagen werden. Bei ihrer Rede am 4. November auf dem Alexanderplatz, wo die größte von Bürgern organisierte Massenkundgebung in der DDR-Geschichte stattfindet, hält sie nach wie vor an einem demokratischen Sozialismus fest: »Stell dir vor, es ist Sozialismus, und keiner geht weg!« Mit diesem Appell wendet sie sich auch am 8. November im DDR-Fernsehen an die Bürger. Einen Tag später fällt die Mauer.

Nach der Wende zieht Christa rasch die Kritik der westdeutschen Presse auf sich, als sie von einer »überstürzten Öffnung« spricht und weiterhin an einer sozialistischen Alternative zum Kapitalismus festhält. Ihr wird vorgeworfen, sich blind gestellt und vom System profitiert zu haben. Nach der Veröffentlichung ihrer Erzählung »Was bleibt« im Juni 1990, die ihre Überwachung durch die Stasi schildert, meinen die Kritiker, sie wolle sich zum Stasi-Opfer stilisieren. Die Debatte eskaliert zu einer Abrechnung mit der DDR. Immer wieder muss sich Christa dafür rechtfertigen, warum sie die DDR nicht verlassen hat. Enttäuscht und verunsichert zieht sie sich zurück. Ihre Erfahrungen mit der »Ausgrenzung des Fremden« fließen in ihre Erzählung »Medea« ein: »Hier erlebt man natürlich täglich, dass das führende westdeutsche Feuilleton und auch eine Reihe von Politikern, viele Menschen ›den Osten‹ verteufeln, dämonisieren, und nicht zuletzt die Literatur, die auch im letzten Jahrzehnt der DDR hier noch entstand.« Auch ihre Verbindungen zur Stasi werden zum Thema. Nachdem sie 1992 erstmals Einsicht in ihre Stasi-Akte erhält, ist sie entsetzt über das Ausmaß der Überwachung, der ihre Familie unterworfen war. Ihre eigene Mitarbeiterakte als IM Margarete ist dagegen schmal und wenig aussagekräftig. Als sie diese jedoch öffentlich macht, wird sie wegen ihrer Mitarbeit aufs Neue scharf angegriffen und als »zaghafte Opportunistin« bezeichnet.

Es dauert, bis sich Christa in der neuen gesamtdeutschen Öffentlichkeit zurechtfindet. Die Ostdeutschen verehren sie nach wie vor, auch im Ausland ist sie ein gern gesehener Gast. Sie verbringt längere Zeit in den USA und verarbeitet ihre Erlebnisse dort sowie ihre Erfahrungen nach der Wende im 2010 erscheinenden Roman »Stadt der Engel oder The Overcoat of Dr. Freud«. In Berlin organisiert sie einen halböffentlichen Gesprächskreis mit Freunden und Interessenten aus Ost und West. Bis an ihr Lebensende bleibt sie eine gesellschaftliche Institution, die das Tagesgeschehen aufmerksam und kritisch beobachtet. Sie stirbt am 1. Dezember 2011 mit 82 Jahren in Berlin. Bei ihrer Bestattung auf dem Dorotheenstädtischen Friedhof würdigen Hunderte Trauergäste, darunter prominente Schriftsteller und Politiker, diese außergewöhnliche Frau, deren Leben und Schreiben eng mit der Zeitgeschichte und mit Berlin verflochten waren. Ihre selbstreflexive, kritische Stimme fehlt heute in der deutschen Literatur.

Nina Hagen

Rund 2000 Menschen drängen sich 1978 in der Potsdamer Straße, doch der berühmte Club »Quartier Latin« ist bereits überfüllt. Auf der Bühne steht eine Band, die noch niemand zuvor gehört hat und die vor dem Konzert den Kleister für die Werbeplakate selbst anrühren musste. Aber ein Name eilt ihr voraus und zieht die Jugend in Massen an: Nina Hagen. Die schrille Punkerin aus Ostberlin ist bereits Kult, mit ihrem provokanten Auftreten und der kompromisslosen Musik sorgt sie immer wieder für Furore. Die Nina Hagen Band wird ihr internationaler Durchbruch. Ninas wildes Leben spielt sich zwischen Europa, Indien und den USA ab – und immer auch in der Öffentlichkeit. Sie spricht, wie ihr der Schnabel gewachsen ist, verstört Talkshow-Moderatoren durch esoterische Botschaften und erfindet sich immer wieder neu. Eine der schillerndsten Berliner Persönlichkeiten unserer Gegenwart.

Catharina »Nina« Hagen wird am 11. März 1955 in einen Künstlerhaushalt hineingeboren. Ihr Vater, Hans Oliva Hagen, arbeitet als Publizist und schreibt Drehbücher, ihre Mutter ist die berühmte DDR-Schauspielerin Eva-Maria Hagen. Ninas Kindheit in Friedrichshain ist zwar frei von Zwängen und Geboten, aber auch einsam – Eva-Maria, die von ihrer Tochter gegen deren Willen »Eva« genannt werden will, ist kaum zu Hause, der geliebte Vater ist abhängig von Schlaftabletten und oft geistig abwesend. 1959 lassen sich die Eltern scheiden. Nina bleibt bei ihrer Mutter, sie ziehen in die Zelterstraße 6 am Prenzlauer Berg. Hier kommt regelmäßig die Künstlerelite Berlins zusammen, Nina schleicht sich auf die nächtlichen Partys und unterhält den Besuch durch Gesangs- und Tanzeinlagen – auch mal nackt. Wenn ihr alles zu viel wird, erfindet sie Lügengeschichten, um auf den geliebten Rollschuhen zu ihrem Vater in den Plänterwald zu entfliehen. Dort freundet sie sich mit der Tänzerin und Schauspielerin Sieglinde Lucker (»Siggy«) an, der neuen Ehefrau des Vaters.

1965 tritt der Liedermacher Wolf Biermann in Ninas Leben. Evas langjähriger Lebensgefährte wird Ninas väterlicher Freund und Lehrer, der ihr musikalisches Talent erkennt und fördert. Er bringt dem Mädchen Gitarrespielen bei und bespricht mit ihr ihre ersten eigenen Lieder. Über Biermann, der wegen seiner regimekritischen Lieder und Westkontakte unter scharfer Beobachtung durch die Staatssicherheit steht, lernt die jugendliche Nina auch westdeutsche Prominente wie Heinrich Böll und Udo Lindenberg kennen, der sie mit seiner Musik begeistert. Wie viele ihrer Altersgenossen ist Nina auch hingerissen

• Nina Hagen in den 1990er-Jahren

von dem im Westfernsehen ausgestrahlten »Beat-Club« und der dort gespielten englischsprachigen Popmusik. Als »Ost-Hippie« – in schlabbrigen Männer-T-Shirts und halbzerrissenen Jeans, mit raspelkurzen Haaren – zieht sie mit Freundinnen betrunken durch die Straßen.

Nina sehnt sich nach einem unabhängigen, wilden Leben. Mit 13 Jahren verliebt sie sich in einen 18-Jährigen, der über sie jedoch bloß die Bekanntschaft von Wolf Biermann machen will. Als er sie betrügt, versucht Nina, Selbstmord zu begehen. Sie schließt sich einer »Gammler-clique« von Gleichgesinnten an, die sie wegen ihres Kopftuchs – das sie trägt, um ein gescheitertes Frisurexperiment zu verbergen – »Aisha« nennen. Die Stasi beobachtet die jugendlichen Abweichler argwöhnisch und verhaftet sie bei einer Wanderung im Elbsandsteingebirge wegen Fluchtverdachts. Durch die Verbindung zu Biermann sehen sich Nina und ihre Mutter ohnehin Repressalien ausgesetzt.

Nachdem sie sich auf eine Beziehung mit einem älteren Studenten einlässt, schickt ihre Mutter Nina auf ein Internat in Sachsen – was diese an den Wochenenden jedoch nicht von Berlin fernhält, wo sie mit ihrem Geliebten und Freunden um die Häuser zieht. Mit 15 Jahren unterzieht sie sich unter dem Druck der Eltern das erste Mal einer Abtreibung, eine zweite folgt wenig später. In der Schule strengt sie sich immer weniger an. Statt des Abiturs plant sie, »Janis Joplins Ostberliner Schwester« zu werden und mit der Gitarre ihr Geld zu verdienen. Als sie 1970 mit der zehnten Klasse die Schule beendet, probiert sie einen Job nach dem anderen aus, aber nichts sagt ihr zu. Die Zeit drängt: Jugendliche zwischen 14 und 18 Jahren, die weder zur Schule noch zur Arbeit gehen, werden in der DDR zur »Umerziehung« in einen Jugendwerkhof eingewiesen. Kurzerhand bewirbt sich Nina bei einer Schauspielschule. Zur Vorbereitung auf das Vorsprechen verkleidet sie sich – mal als schwangere Frau, mal als Mann – und erprobt ihre Wirkung auf ahnungslose Menschen in der Öffentlichkeit, »um Publikumsreaktionen zu testen, um zu spielen, um mich auszuprobieren«. Beim Vorsprechen wird Nina abgewiesen – später erfährt sie, dass die Stasi dafür verantwortlich ist.

Um der Einweisung in einen Jugendwerkhof zu entgehen, tritt Nina schließlich ganz allein die Flucht in den Westen über Polen an – sie verkauft Schmuckstücke ihrer Mutter, um eine Fahrkarte nach Warschau zu finanzieren, und wird dort Sängerin der Band »Grupa System«. Nachdem über sie groß in der Zeitung berichtet wird, fürchtet sie jedoch, erkannt und verhaftet zu werden, und schlägt sich illegal und mittellos nach Danzig durch. Bekannte in Westdeutschland können ihr jedoch nicht wie geplant zur Flucht verhelfen und so kehrt sie schließlich wieder schweren Herzens nach Berlin zurück. Trotz Verhör wird sie erstaunlicherweise nicht wegen versuchter Republikflucht verhaftet.

Nina zieht in eine eigene Wohnung in der Kastanienallee 55 und widmet sich ihrem neuen Ziel: Sie will Berufsmusikerin werden, um als »Reisekader« legal die DDR verlassen zu können. Im »Zentralen Studio für Unterhaltungskunst« schließt sie erfolgreich ihre Ausbildung ab, empört sich jedoch über die Schlagermusik, zu der sie gezwungen wird: »Das Schlagersingen ist das Unehrlichste, Verdummendste, was es gibt. Man stellt sich vor die Leute und hält ein Mikrofon vor das Maul, bewegt den Hintern und singt Rotzwasser in die armen, abgearbeiteten Menschenseelen.« Mit schwarzer Langhaarperücke tourt sie im Orchester Alfons Wonneberg durch die DDR, bis sie 1973 Frontfrau der Rock-Band »Automobil« wird. Die Situation in der DDR ist jedoch schwierig für junge rebellische Musiker: »Wir probierten viel rum, mussten aber das meiste wieder in der Schublade verschwinden lassen, weil es zu realistisch für den sozialistischen Realismus oder zu frech für die Freiheit war.«

Band-Gründer Michael Heubach und Texter Kurt Demmler schreiben für Nina das Lied »Du hast den Farbfilm vergessen«, das ein durchschlagender Erfolg wird und die Sängerin von heute auf morgen im ganzen Land berühmt macht. Die öffentliche Aufmerksamkeit macht sie jedoch nicht gefügiger. Bei einem Besuch im VEB ORWO, wo

Farbfilme hergestellt werden, ist sie empört über die Arbeitszustände und weigert sich zunächst aufzutreten: »Dett is Ausbeutung, Herr Parteisekretär! Schlimmer wie im Kapitalismus!« Ihre Band-Kollegen überzeugen sie schließlich, der Vorfall führt jedoch dazu, dass die Stasi-Hauptverwaltung in Berlin vermerkt, diese Gruppe nicht ins Ausland reisen zu lassen. Das beeinträchtigt aber

• Nina Hagen mit ihrer Band im Oktober 1978

• Nina Hagens Lektüre 2009 – in diesem Jahr lässt sie sich taufen.

nicht die Beliebtheit der Band – Nina tritt auch vor hohen SED-Funktionären auf.

1975 wechselt Nina von »Automobil« zu »Fritzens Dampferband«, muss die Gruppe jedoch »auf höhere Weisung hin« verlassen. Der Zensur und Überwachung kann sie nicht entkommen. Als ihr Ziehvater Biermann im November 1976 ausgebürgert wird, ist das der letzte Tropfen, der das Fass zum Überlaufen bringt. Nina schreibt an den DDR-Innenminister Friedrich Dickel: »Was man Biermann vorwirft, wirft man indirekt auch mir vor. (…) Ich sehe in meinem Land vorläufig keine Möglichkeit zu arbeiten, denn ich werde nicht schweigen können über die Ungerechtigkeit.« Am 6. Dezember wird auch Nina aufgefordert, das Land zu verlassen. Sie fährt nach Hamburg zu Biermann, wo dieser ihr gleich zu einem Plattenvertrag verhilft. Die steife Musikszene in der Hansestadt sagt Nina – die sich »wie eine zum Anbeißen charmante Teenage-Gypsy-Queen aus Ostberlin mit Drang zu Kastagnettenklappern, Fußstampfen und inbrünstigen Rock 'n' Roll-Gesängen« fühlt – jedoch nicht zu. Auf Einladung einer Freundin reist sie nach London und lernt dort erstmals Punks kennen, deren Lebensstil an Ninas eigene Zeit als »Hippie-Punk« in Ostberlin anknüpft. Inspiriert und ermutigt, heuert sie bei ihrer Rückkehr nach Deutschland die »Lokomotive Kreuzberg« als Band an, die 1978 als »Nina Hagen Band« unter Vertrag genommen wird. Das erste Album etabliert Nina auch im Westen als Kult-Künstlerin und erregt internationale Aufmerksamkeit.

In der Band kriselt es von Anfang an, Nina werden von ihren Kollegen Starallüren vorgeworfen. 1979 kommt es zum Bruch. Das zweite Album nimmt Nina getrennt vom Rest der Band auf, die Musik und ihr Gesang werden im Studio zusammengefügt. Bereitwillig geht Nina auf das Angebot des niederländischen Rockmusikers Herman Brood ein, in seinem Film mitzuspielen, und reist nach Amsterdam. Monatelang verkehrt sie in Broods Kreisen und nimmt Drogen, magert gefährlich ab, bevor sie die Reißleine zieht. In Amsterdam lernt sie auch den Gitarristen Ferdinand Karmelk kennen, der der Vater ihrer Tochter Cosma Shiva wird. In einer österreichischen Talkshow sorgt Nina im selben Jahr für einen Skandal, als sie vor laufender Kamera – zwar angezogen, aber explizit – demonstriert, wie Frauen sich selbst befriedigen können.

Cosma Shiva kommt 1981 in den USA zur Welt. In diesem Jahr ist Nina nach Malibu in Kalifornien gezogen und geht mit einem amerikanischen Manager auf Tournee. Sie singt auf Englisch und auf Deutsch, reist viel und arbeitet mit verschiedenen Musikern zusammen. In dieser Zeit beschäftigt sie sich verstärkt mit anderen Religionen wie dem Buddhismus und interessiert sich für UFO-Sichtungen. 1987 zieht sie nach Ibiza, wo sie medienwirksam den jungen Musiker »Iroquois« heiratet, um sich eine Woche später wieder scheiden zu lassen. Zwei Jahre später lernt sie in Paris den Stylisten Frank Chevalier kennen. Ihr gemeinsamer Sohn Otis wird 1990 geboren. Ninas Interesse für den Buddhismus wird durch die persönliche Begegnung mit dem Anführer des buddhistischen Babaji-Kults angefacht, der 1992 auf der ganzen Welt als Missionar auftritt. Ein Jahr später reist Nina zusammen mit Otis das erste Mal nach Indien und lebt in einem Ashram des Babaji-Kults. Es wird nicht das letzte Mal in Indien für sie bleiben, obwohl sie nach den Aufenthalten oft erkrankt. Durch Spenden und Charity-Konzerte unterstützt sie soziale Projekte des Kults. Sie produziert den Dokumentarfilm »Om Gottes Willen« über Babajis Lehren.

Nina pendelt nun zwischen den USA, Indien und Deutschland. Immer wieder kehrt sie nach Berlin zurück, so 1998 für einen Punk-Brecht-Abend mit der Schauspielerin Meret Becker. Ihre internationale Bekanntheit setzt sie bei ihren politischen Aktivitäten ein: Sie protestiert gegen Atomkraft, engagiert sich in der Friedensbewegung und im Tierschutz, wo sie die Organisation PETA bei aufsehenerregenden Aktionen unterstützt. Mit dem Dokumentarfilm »Nina Hagen – Punk & Glory« von 1999 setzt Peter Sempel der »Godmother of punk« ein filmisches Denkmal. Die Kamera ist Nina nicht fremd: Die Punk-Ikone tritt immer wieder in Filmen und Fernsehsendungen auf, wo sie mit ihren esoterischen Ansichten und ihrem exzentrischen Benehmen gern für Skandale sorgt. Auch bei der Castingshow »Popstars« wirkt sie in der Jury mit.

»Durch mich, meinen Mut, meine Verrücktheit fingen vibrations an; die Stadt begann zu tanzen.«

Zweimal heiratet sie noch, beide Male jüngere Männer: 1996 David Lynn, 2004 Lucas Alexander Breinholm. Beide Ehen werden geschieden. Obwohl Nina immer wieder enttäuscht wird, gibt sie die Liebe nicht auf: »Und ich liebe doch so, wie ich liebe: mit Haut und Haaren, rückhaltlos, naiv, für immer. Und EWIG.« Sie entdeckt jedoch, dass ihre wahre Liebe Jesus Christus gilt – ihren Weg zum christlichen Glauben schildert sie in der 2010 erscheinenden Autobiografie »Bekenntnisse«. Aus diesem Grund bricht sie 2009 mit dem Babaji-Kult und lässt sich evangelisch taufen. Wie alles, was Nina tut, wird auch dies von den Medien skeptisch beobachtet. Doch niemand kann vorhersagen, was die wandelbare Musikerin als Nächstes in Angriff nimmt. Die Achterbahnfahrt der Nina Hagen ist noch lange nicht zu Ende.

Bildnachweis: 6–12 akg-images; 14 akg-images/Erich Lessing; 15–32 akg-images; 35 picture alliance/KEYSTONE; 36–38 akg-images; 41 akg-images/historic-maps; 42–63 akg-images; 64 persona verlag, Mannheim; 66–68 akg-images; 71 akg/ Science Photo Library; 72–73 akg-images; 74 picture-alliance/dpa; 76–77 akg-images; 79 akg-images/arkivi UG; 80 akg-images/Gert Schütz; 83–89 akg-images; 90 akg-images/ Horst Maack; 92 Gedenkstätte Deutscher Widerstand; 95 Elsengold Verlag; 96 akg-images; 99 picture alliance/United Archives/IFTN; 100 picture-alliance/akg-images; 102 picture-alliance/dpa; 105 akg-images; 106 picture-alliance; 108 picture alliance/Hubert Link; 110–113 picture alliance/ ZB; 114 akg-images/Bruni Meya; 117–118 akg-images; 120 picture-alliance/dpa; 122 akg/Jazz Archiv Hamburg; 125 picture alliance/Chris Hoffmann; 126 picture alliance/dpa

Abbildung S. 53 mit freundlicher Genehmigung des Jüdischen Verlages, Berlin

Gestaltung und Satz: Felgner & Zierke, Berlin

Printed in Slovenia

ISBN 978-3-944594-01-9
www.elsengold.de